苏州大学东吴智库研究成果

上海市高水平地方大学创新团队"文化转型与现代中国"成果

东吴智库
SOOCHOW UNIVERSITY THINK TANK

陈 一　石力月　主编

全国县级融媒体中心
发展调研报告
2021—2022

中国社会科学出版社

图书在版编目(CIP)数据

全国县级融媒体中心发展调研报告:2021-2022/陈一,石力月主编.
—北京:中国社会科学出版社,2022.8
ISBN 978-7-5227-0490-6

Ⅰ.①全… Ⅱ.①陈…②石… Ⅲ.①县—传播媒介—研究报告—中国—2021-2022 Ⅳ.①G219.2

中国版本图书馆 CIP 数据核字(2022)第 125056 号

出 版 人	赵剑英
责任编辑	陈肖静
责任校对	刘 娟
责任印制	戴 宽

出 版	中国社会科学出版社
社 址	北京鼓楼西大街甲 158 号
邮 编	100720
网 址	http://www.csspw.cn
发 行 部	010-84083685
门 市 部	010-84029450
经 销	新华书店及其他书店

印 刷	北京明恒达印务有限公司
装 订	廊坊市广阳区广增装订厂
版 次	2022 年 8 月第 1 版
印 次	2022 年 8 月第 1 次印刷

开 本	710×1000 1/16
印 张	15
插 页	2
字 数	192 千字
定 价	78.00 元

课题组成员

陈　一　苏州大学传媒学院教授

石力月　上海师范大学影视传媒学院副教授

赵华健　苏州大学传媒学院 2021 级博士生

葛家明　苏州大学传媒学院 2017 级本科生、华东师范大学政治与国际关系学院 2021 级研究生

万旭琪　苏州大学传媒学院 2017 级本科生、复旦大学新闻学院 2021 级研究生

柳　童　上海师范大学影视传媒学院 2019 级硕士研究生

朱雅文　上海师范大学影视传媒学院 2019 级硕士研究生

唐瑞雪　上海师范大学影视传媒学院 2020 级硕士研究生

牟颖颖　上海师范大学影视传媒学院 2020 级硕士研究生

目 录

序　言

郡县治，天下安，中国自秦代以来的县域，一直是国家治理的基本单元。在当代中国的行政版图中，县域肩负着经济、政治、文化、社会、生态五位一体的建设任务，是脱贫攻坚实现全面小康、信息化带动工业化、城镇化、农业农村现代化等多项工作的主战场。然而，长期以来一个不争的事实是，在传统传媒格局中，县域处于"最基层""最一线"，同时也客观存在着"最薄弱""最无助"的境地。

在 2018 年 8 月召开的全国宣传思想工作会议上，习近平总书记指出"要扎实抓好县级融媒体中心建设，更好引导群众、服务群众"。一分部署，九分落实，三年多来，全国已有 2400 多个县级融媒体中心挂牌，基本实现了对国内县域传播的全覆盖。县级融媒体中心的建设，直接影响着本地干部群众的生活世界、规范世界与意义世界，间接影响到地方组织体系、制度体系、社会体系等运行的效果，也往往成为地方行政管理服务跨部门协同、机构性整合、功能性再造、程序性优化的"风向标"。

县级融媒体中心的成立和发展给学界提出了全新的研究命题，从原来的"县级报纸""四级办电视"到现在的"县级新媒体平台""融媒体矩阵"，不是单纯传播媒介的变化，而是以技术赋权提升基层新闻宣传效能、推进地方文化生态发展、助力县域治理结构完善的"大手笔"。

在决定对全国有代表性的县级融媒体中心开展访谈之前,本书两位主编及其团队,已经分别完成了对江苏和上海的县(区)级融媒体中心的调研。陈一作为江苏省县级融媒体考核验收小组的专家,关注了江苏 64 家县级融媒体中心,对江苏所有县级融媒体的传播力、影响力进行了测评,也对江苏县级融媒体下一轮的发展提出了建议。石力月完成了对上海全部 16 个区级融媒体中心的两轮调研并出版了《上海区级融媒体中心建设发展调研报告(2019—2020 年)》和数篇研究论文,此外,还获立省部级课题《长三角一体化战略下县级融媒体中心建设与区域协同社会治理研究》,开展进一步的研究。

县级融媒体中心建设是"在地性"很强的实践,在做过各自所在区域的调研以后,我们最大的疑问是:全国不同区域的县级融媒体实践差异大吗?主要差异在哪些方面?以上海和江苏的情况为例,尽管同属于长三角区域,但各方面的差异是很明显的。同时在上海和江苏的内部,不同县域的融媒体中心的实践路径也有明显差异。因此,了解不同区域的实践从而丰富和深化对于县级融媒体中心建设全局的认知,是我们迫切想要进入更广阔田野的直接冲动。

基于上述想法,2021 年第一季度,课题组首先通过实地走访、数据分析、案例比对、专家推荐、同行互鉴等方法,在国内遴选了数十家县级融媒体中心,作为我们第一轮重点调研对象。2021 年 5—9 月期间,课题组集中完成了调研,随后又用了两个月左右的时间整理素材和撰写调研报告。最后选入这本书的十五家县级融媒体中心,并不一定是某个区域或某个省市最"强"的,但一般来说是颇具特色和代表性的。我们也按照访谈的大致先后顺序,确定了各个案例选入本书的次序。

按照中宣部的规划，2020年底基本完成县级融媒体中心的全国覆盖以后，下一阶段工作的重点是"建强用好"。作为一项国家战略，县级融媒体中心发展的定位是要成为主流舆论阵地、综合服务平台和社区信息枢纽。换句话说，它需要突破传统媒体的概念和职能——那么它究竟是如何突破的？在这个过程中遇到的主要困难是什么？有没有一些具有推广意义的做法？这些都是我们这次访谈的重点。我们也希望对全国不同地区相关实践的呈现能够形成一些比较，带来一定的启示。既为我们对各自所在区域的继续研究提供一些参照，也能够让我们对县级融媒体中心的深入研究拓展视野和思路。

具体来说，在此次调研中我们感受最深的主要有三点：

第一，县级融媒体中心建设必须融入本地工作全局中去。县级融媒体中心的建设不单单是县里宣传部门的任务与工作，如前所说，今天的县级融媒体中心已不同于传统媒体的概念，它不仅是传播平台，同时也是基层社会治理与综合服务平台，所以无论是体制机制、资源投入、政策支持还是管理思路，都应当有所突破。这些突破一方面有赖于一些顶层设计，另一方面有赖于系统性的支持。根据我们的观察，凡是发展比较好的融媒体中心，不但需要当地主要领导在政治方面高度重视，而且需要县里对于融媒体中心有全方位的支持。相比直接的资金、场地、设备投入，体制上、政策上的支持更为重要，并非前者不重要，但后者的支持能够使得融媒体中心产生可持续的造血功能，即使那些市场化运作程度很高的县级融媒体中心，如果没有这些方面的支持，也不可能打开局面。所以，如果县级融媒体中心建设仅仅被当作各级宣传部门的任务，那么在助力于基层社会治理与提供综合服务方面遇到体制上的壁垒、政策上的缺位以及资源上的匮乏就难以避免。

第二，对县级融媒体中心建设的认识需要超越经济决定论。必须承认，县级融媒体发展的状况跟当地经济社会发展状况程度关系密切。一般情况下东部地区县级融媒体中心的发展程度总体优于其他地区。这固然得益于相对较好的经济基础（这些地区的政府对融媒体中心无论是全额拨款，还是差额拨款甚至不拨款，当地普遍良好的经济发展水平和营商环境都能使得融媒体中心发展避免"贫血"），更重要的是东部（如上海、浙江、江苏等地）县级融媒体中心的体制机制普遍较为灵活，或者体制机制的改革力度较大，在吸引人才、调动人员积极性等方面，都有效果比较显著的举措。但是，在一些中西部省份包括边疆地区，也有各种让人欣喜的案例：河南项城融媒体中心将原来的基层通讯员转变为能出镜、会讲解的"网络主播"；新疆伊宁融媒体中心实现对多民族用户的多种语言传播；贵州石阡县融媒体中心积极参与脱贫攻坚，接力乡村振兴等，都给我们留下了深刻的印象。

第三，不同地区县级融媒体中心建设与发展须因地制宜。全国各地县级融媒体遇到的困难有共性也有差异，有些问题是系统性的，仅靠中心自身难以解决，但有些问题能否解决很大程度上取决于中心自身的思路与行动。例如，四川仁寿县融媒体中心打造"网上综合体"的理念与实践，云南富源县融媒体中心的"农产品直播带货"等，都体现了这一点。我们认为，一方面，困难与短板不是绝对的，换个角度、换个思路，有可能将自身劣势转化为优势，所以需要不断地解放思想、积极创新；另一方面，很多时候事在人为，我们在调研访谈中提到同样的问题，有的中心抱怨放弃，有的中心则不断尝试解决，结果自然大不相同。此外，县级融媒体中心需要利用自己身在基层的优势不断向下扎根与挖掘，基层与一线是内容生产的富矿，也只有不断地深入基层社会，才能了解群众所想所需、急难愁盼，从而打通堵点、痛点，更好地做到习近平总书记所提出的"引导群众，服务群众"。

在新冠肺炎疫情仍然不时反弹的当下，能够完成地理上跨度如此之大的系列调研，困难是不小的。所以我们首先要感谢全国不同地区县级融媒体中心对课题组的信任和支持，多位县级融媒体中心的负责人在百忙之中接受我们的访问，克服种种困难配合我们，经常一聊就是好几个小时，很多同志还提供了补充材料或者接受我们的补充访谈。没有他们的高度配合，我们无法想象能够完成工程量如此之大的调研任务。受到疫情限制，我们有部分访谈是通过线上完成的。

其次要感谢苏州大学和上海师范大学两校参与调研的多位同学，同学们初步整理了复杂的访谈材料，大家在工作群里无数次的讨论历历在目。为了配合部分融媒体中心负责人的时间和安排，我们一道克服了不少困难，没有大家共同的努力，也不可能有这本书的最终出版。因此，在本书中每篇文章的开头，我们都附上了访谈人员、执笔人员以及受访者的信息。

最后还要感谢中国社会科学出版社的陈肖静女士等，是大家的共同配合与努力，促成了本书的编辑出版。

这本书是我们全国县级融媒体中心调研的第一辑，期待学界和业界的朋友们批评指正，我们也将继续努力，更好地完成对其他区域的后续调研。

一　深耕基层"慧"聚资源，打造县级融媒"尤溪模式"

——福建省尤溪县融媒体中心调研报告

受访者： 张　敏（福建省尤溪县融媒体中心主任，全国新闻
　　　　　出版广播影视系统先进工作者）

访谈人： 石力月　唐瑞雪　柳　童　朱雅文　牟颖颖

执笔人： 石力月　唐瑞雪

访谈时间： 2021 年 5 月

尤溪县位于福建省中部，隶属三明市，是南宋著名理学家、教育家朱熹的诞生地，县域面积 3463 平方公里，居福建省县（区）级第二位、三明市第一位。2020 年尤溪县户籍人口 45.21 万人，辖 11 镇 4 乡、250 个村和 20 个居委会①。

尤溪县物产丰盈，盛产 180 多种农副产品，是国家现代农业示范区、国家农产品质量安全县、全国十大生态产茶县、中国茶业百强县。同时，该县环境优美，历史底蕴深厚，旅游资源丰富，

---

① 《尤溪概貌》，尤溪县人民政府，http://www.fjyx.gov.cn/zjyx/yxgk/201711/t2017 1102_976163.htm。

注重历史遗址遗迹的保护开发，是福建省首个获得联合国地名专家组命名的"千年古县"。

尤溪县基础设施建设完备，"最多跑一次"政务服务功能落地，"网格化＋街长制"的城市精细管理模式持续发展，智慧停车平台推广运用，"智慧尤溪"建设项目持续推进，注重城乡统筹发展。于2018年起实施乡村振兴战略，打造专项"资金池"，并开展农村人居环境三年整治行动，截至2020年底，全县建档立卡贫困户1857户共5805人全部脱贫，贫困村、空壳村全部摘帽退出管理。①

在媒体建设方面，尤溪县本地媒体资源齐备，媒体融合发展走在本省前列。早在2011年，尤溪县广播电视台与尤溪新闻网合并，开通微信、微博账号，确立了"新闻立台、影视兴台、人才强台、产业活台"的发展思路，尝试探索县级媒体融合改革路径。

一 融媒体中心建设基本概况

尤溪县融媒体中心于2018年9月21日正式挂牌成立（如图1），是福建省首批、三明市第一个挂牌的试点。自成立后，尤溪县融媒体中心从"技术创新、机制创活、内容创优、产业创效"四个方面入手，打造了"尤溪模式"，被中宣部和国家广电总局列为"全国广播电视媒体融合典型案例"。先后荣获：全国广播电视系统先进集体、全国市县20强电视台、全国县级十佳电视台、全国市县媒体融合先导单位、全国县级融媒体中心舆论引导能力建设十大典型案例、全国互联网新闻信息稿源单位、全国推

---

① 《尤溪概貌》，尤溪县人民政府，http：//www.fjyx.gov.cn/zjyx/yxgk/201711/t20171102_976163.htm。

动城市创新、广播影视影响力机构、福建省广播电视系统先进集体、福建省十佳影视创作机构。是中国市县电视台影视研发基地、中国传媒大学培训学院县级融媒体中心建设培训基地、全国县级短视频人才孵化基地(福建)、中国电视艺术家协会市县电视委员会福建分会、福建省市县电视台融合发展实训基地、福建省乡村振兴产业直播基地、福建省电视艺术家协会创作基地、福建省广播影视集团县级融媒体内容应用中心。

图1 尤溪县融媒体中心

尤溪县融媒体中心下设融媒资讯中心、品牌传播中心和综合服务中心,按照全媒体传播体系要求,先后建成融媒体采编中心、演播中心、运营中心,自2018年挂牌成立以来,中心建设投入达6000多万元。目前,中心拥有1个指挥中心平台、1个高清电视频道(尤溪综合频道)、广播电台(FM106.6)、尤溪新闻网及多个新媒体平台("福建微尤溪"微信公众号、"智慧尤溪"App、视频号、抖音号等),并入驻学习强国、央视新闻移动网、央视频、人民网人民号、新华社现场云、新福建、海博TV、福建省广电网络县级融媒体平台等。并于2020年获颁《信息网络传播视听节目许可证》。据悉，中心现有员工80人，平均年龄约32.6岁，拥有本科以上学历的员工逾九成。同时，该中心也与中国传媒大学、中南大学、浙江传媒学院、华侨大学、山西传媒学院等高校共同合作开展教学实践基地的建设，打造未来融媒体中心的人才"蓄水池"。

2016年6月，尤溪县政府注资5000万元，注册成立台管国有独资企业福建省朱子文化传媒有限公司，拓展经营范围，承接媒体广告、联办栏目及各有关单位政务、宣传项目等，探索将新闻采编与经营拓展分开的建设路径。自2018年挂牌成立以来，尤溪县委成立县融媒体中心建设工作领导小组，制定了《关于推进尤溪县融媒体中心建设的实施意见》，将融媒体中心定为县委直属正科级一类公益事业单位，并明确其优先参与全县智慧政务、智慧城市等建设任务。

二 平台搭建与流程再造

尤溪县的县级媒体融合早在十年前便已开展，在克服了部门整合、人事变动、资产重组等方面的困难后实现了人、财、物等资源的融合统一。据介绍，中心内部人员队伍的磨合建设及"一次采集、多种生成、多元传播"采编模式的探索运用早已落地，县级融媒体中心的挂牌成立将原有实践推向了深度融合发展阶段。

（一）深度整合媒体资源，贯彻"移动优先"理念

该中心以县广播电视台为核心，整合了县政府网、县委报道组、客户端、微信、微博等尤溪县内全部公共媒体资源，此外，

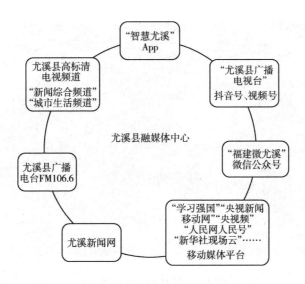

图2 尤溪县融媒体中心全媒体传播矩阵图

户外公益广告牌、城区公共阅报栏、公交站宣传牌等也被统一划拨给中心管理经营,并在聚合媒体资源的基础上,实现了机构、人员、业务、平台的融合。融媒体的发展不是新媒体简单取代传统媒体的过程,而是传统媒体和新媒体的双向融合。虽然建成后的尤溪县融媒体中心无论是从领导班子到核心团队还是主体业务构架,仍以原广播电视台为主体,但中心在充分发挥传统广播电视媒体内容生产优势的基础上,打破了原有的"电视稿至上"观念,坚持移动优先和全媒体传播,打造了"线上+线下""政务+服务""互动+联动"的运营模式,实现了新闻报道全媒体联动常态化、移动先发常态化。

(二)合作开发融媒平台,创新采编流程

在技术平台的打造上,尤溪县融媒体中心与第三方机构共同研发的融媒体中心指挥平台,可根据实际需求设置平台项目,保障采访任务、内容发布统一管理和运作,以实现融媒体内容生产的流程再造——由指挥平台统一布置产品"菜单"和调配资源,

图3　尤溪县融媒体指挥中心

建立资源数据库，存放一线记者采编的信息、图片、视频等"原材料"，由各个编辑岗位按照媒体特点、受众群体不同，自行分别选择"原材料"进行再打磨和深加工，制作适合不同受众"口味"的作品，形成"一体策划、线索汇聚、一次采集、多元生成、多端发布"的全新采编播发体系，实现渠道共享、内容共享、技术共享、人员共享的采编播高度融合，提高产品生产效率和质量。

2018年11月，尤溪县融媒体中心自主开发的"智慧尤溪"App开始试运营，次年3月正式上线，App汇集新闻资讯、政务矩阵、直播点播、便民服务、扫码支付、掌上商城、智慧城市等功能于一体，以"'智'享生活，'慧'聚尤溪"为标语，打造"尤溪人自己的移动客户端"。截至2021年11月底，"智慧尤溪"App下载量18.5万，注册用户12.6万户，总访问量超过1.38亿。

（三）增强平台技术力量，建立安全保障机制

自主可控客户端的开发维护，不能忽视安全保障机制的建

立。据介绍，"智慧尤溪" App 自 2018 年由中心技术人员与第三方公司合作打造，至今已经历两次大改版及多次微调。中心拥有自己的技术团队，使得融媒体中心能在客户端日常运营维护及新功能开发中掌握主动权，同时也能完整掌握用户信息、浏览记录及历史内容等各项后台数据，保障数据安全。

2019 年 5 月，由福建广电网络集团负责建设的福建省县级融媒体中心省级统一技术平台正式上线。该平台的打造，为省内融媒体中心提供融媒体内容生产服务的同时，也为提升融媒体中心数据存储、内容采编及传输安全性提供保障。但由于尤溪县融媒体中心客户端早在省级统一技术平台建成之前就已开发，受制于数据与算法壁垒，目前中心主要在部分数据对接的方面与其合作，下一步需要实现二者的全面对接。此外，省级统一技术平台虽然已基本建成，但目前尚难完全满足省内不同县级融媒体中心的个性化需求，因此，部分功能的开发依旧需要与第三方公司合作。

三　体制机制改革与创新

据介绍，尤溪县融媒体中心作为县委直属公益一类事业单位，得到了财政方面的大力支持，并通过体制机制改革，拥有充分的人才管理和经营自主权。总体来看，当下中心在自主营收、绩效分配及人才培养方面的体制机制均比较灵活，为该中心后续发展奠定了良好基础。

（一）财政"兜底"保障，推进多渠道增收

自该中心挂牌成立后，福建省尤溪县便将自聘人员工资、办公经费等 1000 余万元列入每年度县级财政预算予以保障，据《2020 年度尤溪县融媒体中心部门决算》数据显示，2020 年度财政拨款 1882.45 万元，2021 年度部门预算 1043.9 万元。财政兜底保障人员基本工资，采编团队轻装上阵，为融媒体中心的可持续发展注入了活力和动力。加之福建省朱子文化传媒有限公司成立后，原广播电视台经营性业务转由公司运营，台聘人员转为国企聘用人员，在顺利实现采编与经营分离的同时，也实现了人员分流。

除财政支持外，尤溪县融媒体中心旗下的朱子文化传媒公司引入现代企业管理制度，在做好媒体广告、联办栏目、承办活动等传统经营方式的基础上，还承接尤溪县内各乡镇、行政事业单位的政务、活动宣传项目，全面拓展经营范围，以多元创收反哺融媒体中心运营。区别于传统广播电视台广告部在业务范围方面的局限性，传媒公司属于商务服务业，许可项目多达八十余项。课题组认为，从承接大型影视项目、加大新媒体融合发展、整合尤溪相关资源、开发旅游文创产品等方面入手，尤溪县融媒体中心通过自主经营的文化传媒公司这一载体，争取到县内所有国有投资及新增的广告资源全部归公司经营等优惠政策，形成了多产业发展、多渠道增收的有效机制。

（二）深耕内容生产，形成良性"造血"机制

近年来，尤溪县融媒体中心在融媒产品创意研发上发力，组织创作各类宣传片、专题片、微电影、短视频、音乐电视、电视散文、微纪录片等作品，包括纪录片《守摊人》等在内的 60 多部作品荣获全国各类影视作品评选大奖。2018 年，尤溪县广播电视台精品节目创作研讨会在北京举行，这是中国电视艺术家协会首次为县级电视台举办的研讨会。值得注意的是，2021 年 10 月，国家网信办公布最新版《互联网新闻信息稿源单位名单》，尤溪县融媒体中心的微博、微信及应用程序（App）成为"白名单"上最新一批稿源平台，也是上榜的全国首批十家县级融媒体中心之一。自 2000 年国务院新闻办、信息产业部联合发布《互联网

站从事登载新闻业务管理暂行规定》起，对非新闻单位所建立的综合性互联网站的信息稿源提出管理要求，不得登载信息稿源"白名单"之外的新闻信息，否则将面临相应处罚。尤溪县融媒体中心的上榜表明了中心在传播力、引导力和公信力方面的建设成效，也体现出国家对县级融媒体中心建设的支持与肯定。

除本地业务外，中心还突破了地域限制，跨省承接业务，承接上海、浙江等20多个省100多个宣传片、纪录片、广告牌、微电影的拍摄制作业务，每年创收达1000余万元。课题组认为，区别于部分媒体单位将房地产、旅游等非传媒产业作为主要创收途径的方式，尤溪县融媒体中心凭借成熟完备的创作团队与良好的业界口碑，使得自身实现经营创收的同时，更能在业务实践中实现内容生产能力的提升，形成良性"造血"机制。需要强调的是，这里的"造血"不简单等同于"赚钱"，其区别在于创收"是否用于支持新闻内容生产与公共服务发展"，在这个层面上，尤溪县融媒体中心的思路是比较清晰的。

（三）力推绩效改革，人才激励与人才短缺并存

在绩效分配改革方面，中心出台了《尤溪县融媒体中心绩效考核奖励办法》，打破身份、职位、职称限制，实行"同岗同责、同工同酬、优劳优酬、灵活轮岗"制度，以及小团队运作、扁平化管理，编制内外员工待遇仅与工作量和贡献相关，同时实行轮岗。截至调研之日，尤溪县融媒体中心拥有在编人员35人，企业聘用人员45人，目前编制数仍有空余，允许非在编聘用人员通过事业单位统一考试转为在编人员，并对专业技术人员的职称评定也十分鼓励。

据介绍，中心员工平均年收入可达16万左右，这在全国县级融媒体中心当中算高的，平台收入不错，又能有较好的实践锻炼机会，因此吸引了一些京、沪、浙以及省内厦门等地优秀的专业

人才。同时，中心还建立了全媒体人才培养机制，2020 年开展了"学习年"活动，实现加强学习、人才培养的常态化、精准化、制度化的学习模式。

不过，张敏认为中心依然存在人员不足的问题。因为如前所述除了承担中心日常采编、运营及承接本地各项业务外，融媒体中心人员还要承接本县之外的其他相关业务，"忙不过来"是常态。张敏坦言，中心在纪录片、电视剧编导及摄制人才方面还存在较大空缺。相较于具备成长潜力但短期内难以很快上手的高校毕业生而言，目前，中心更急需的是"有经验的人才"，即已工作过几年、能够对标高制作水准的业界人才。

张敏将上述状况总结为"不是招不到人，也不是留不住人，而是找不到合适的人"，加之尤溪县目前尚无专项人才引进政策，因而要想吸引到既符合中心建设需要，又能在薪资待遇、福利政策、生活水平及业务内容等多方面供需匹配的人才比较困难，这成为目前制约中心发展的一个关键问题。

四 社会服务与社会治理

肩负"打通最后一公里"使命的县级融媒体中心，需要在建成有传播力、影响力的媒体这一基础上，扎根本土、引导群众、服务群众，通过整合县域资源，探索推进国家治理能力与治理体系现代化背景下提供社会服务、参与基层社会治理的创新路径。

（一）以新闻宣传为中心，围绕县政工作推进融媒"混响"

如何用"接地气"的方式开展新闻宣传工作，发挥好基层舆论导向作用，让百姓愿意听、愿意看、愿意信，是县级融媒体中心"做好主业"的重要方向。尤溪县融媒体中心在这方面颇下功夫，比如，为庆祝建党 100 周年创作的献礼影片《星火连云》通过网络电影的形式讲述了 1945—1949 年尤溪县联合镇连云村贫农团领导广大农民开展抗丁、抗租、抗税斗争的故事，讲述本地历史，重现红色岁月；微纪录片《我的脱贫故事》则通过记录尤溪各乡镇中具有典型意义的贫困户的生产生活情况及受帮扶情况，讲述了尤溪县一系列圆梦小康的动人故事，传播脱贫攻坚正能量。

作为福建省县级"十佳电视新闻栏目"，创办至今已逾二十载的《尤溪新闻》由广播电视台的"当家节目"成为融媒体中心进行融合传播的重要部分。创作团队在《尤溪新闻》的内容构成和传播方式上进行创新探索，以移动端融媒体新闻产品为重点，大量采用短视频、H5、动漫等形式，使新闻作品更有穿透力。在内容上，《尤溪新闻》在为县内外受众提供新闻资讯的同时，紧扣民生、把准热点，开设了"今日话题""记者体验""主播带你游""曝光台""媒体搜索""小康来敲门"等带有尤溪泥土气息和人性温度的专栏，主攻民生版块，真实反映民情、民意。

自 2020 年新冠肺炎疫情发生以来，尤溪县融媒体中心充分利用融媒优势，开展了高密度、强频次的宣传报道。有数据显示，截至 2021 年 11 月底，中心在广播、电视、网站、智慧尤溪 App、微信公众号、抖音号、快手号以及央视新闻移动网、央视频等平台发布疫情防控相关图文及视频内容 11200 多条，总浏览量突破2.3 亿人次。同时，中心策划了三场新冠肺炎疫情防控大型融媒体直播特别节目，汇集疫情最新动态、传播疫情防控知识，总计超过 100 万人通过全媒体平台同步收听观看。① 此外，中心还策

---

① 《2020 年度尤溪县融媒体中心部门决算》，尤溪县人民政府网，http：//www.fjyx. gov. cn/zwgk/czzj/bmczyjssgjf/2020bmjs/202107/t20210701_ 1679786. htm。

划拍摄了致敬尤溪抗"疫"一线医务工作者的纪录片《破晓的阳光》，作为福建省 2020 年第一季度优秀国产纪录片向国家广电总局推荐。除了为本地疫情防控做好宣传服务的同时，尤溪县融媒体中心还充分发挥了自身强大的内容生产能力，创作了大批面向全国的精品内容，宣传防疫知识、弘扬抗疫精神。其中，原创动漫作品《战"疫"日记》系列作品在新华社客户端开设专栏，《战"疫"日记——方舱医院抗"疫"24 小时之雨夜接诊》被中宣部全网推送；短视频《武汉记"疫"》获第三十一届中国新闻奖三等奖、2020 年度福建新闻奖一等奖。

图 4　尤溪县融媒体中心主任张敏接受中央广播电视总台采访

　　不过，因为缺少广播电视发射台等硬件设备，尤溪县广播发射由文旅局直接负责，县级融媒体中心仅为广播提供日常新闻内容，而不直接进行内容传送及播控。此外，电视节目也由中心制编完成后传送给网络公司进行大屏播发。课题组认为，一方面，这使得尤溪县融媒体中心能够在内容制作环节更为聚焦，减少硬件维护及技术开发的人员、时间等成本，在跨部门合作的基础上提升播出安全性；但另一方面，在某种程度上会使得融媒体中心对相应渠道播控的自主性受限。

此外，由于设备接入及使用能力等方面的限制，老年人以及部分乡村居民使用基于互联网的各类平台（如两微一端等）有一定的困难，加之处于疫情防控的特殊阶段，乡村广播等传统传播渠道的重要性再度显现出来。据了解，尤溪"村村响"应急广播体系建设工程实现县、乡、村三级联播联控已逾7年，目前已覆盖全县15个乡镇、250个行政村，在新冠肺炎疫情防控期间发挥了巨大的作用。课题组认为，在广播基础设施建成覆盖的基础上，县级融媒体中心与广播管理机构如何同其他多部门携手用好城乡农村广播系统，真正发挥其在宣传动员、引导教育、文化娱乐、基层服务等方面的作用，使响起来的"大喇叭"兼顾常态化与应急性。对于县级融媒体中心来说，还应聚焦如何让"融媒""智慧"与传统广电渠道在新时代实现"混响"。

（二）"慧"聚资源，依托"智慧尤溪"打造综合服务平台

尤溪县融媒体中心以"智慧尤溪"App为依托，开通了城市服务专栏，下设近50个市民常用的民生服务版块，满足民众衣食住行、文化生活、在线医疗、在线教育等方面的需求。实行"融媒体＋新闻＋政务＋服务＋商务"的内容模式，在App上开通"掌上政务""预约挂号""求职就业""智慧旅游""文明实践""尤品铺子""智慧食堂""智慧城市建设""扶贫专柜"等10多项服务功能，并与"直播带货"等活动结合运营。

作为第一个接入三明市网上公共服务平台"e三明"的县级单位，尤溪县融媒体中心在"智慧尤溪"App上设置了"建言献策""随手拍""公益求助"等网民意见收集、互动版块，有力推进本地政务服务朝着数字化、智能化、掌上化、便捷化方向

发展。

同时，"智慧尤溪"App上还开通了"智慧食堂"支付系统，为全县政府部门食堂提供智能化结算服务，职工伙食补助也通过该系统同步到职工个人。尤溪县融媒体中心向所有相关单位提供平台和技术支持，并收取一定的平台费。此外，在"智慧食堂"稳定、优质用户群的基础上，进一步打通线上线下，拓展服务领域，在县域主要商场以及部分便利店提供电子结算服务——开辟移动手机端的"支付交易"功能。

在农村服务方面，为对接尤溪各地滞销农产品需求，尤溪县融媒体中心开展了一系列助农公益服务。一方面，由商务局向该中心提供贫困户名单及联系方式；另一方面，"智慧尤溪"App及微信公众号"福建微尤溪"上都开设了相应的"公益求助"（"公益助农"）入口，面向全县征集滞销农产品信息，并到当地进行核实。

在此基础上，采取图文、短视频、H5、网络直播等融媒体形式，为滞销农产品"带货"。在协助遭遇滞销的尤溪农户对接平台消费者、切实帮助他们脱贫增收的同时，紧扣"打赢脱贫攻坚战"这一重点工作，引导社会对于脱贫攻坚及乡村振兴工作的关注度、参与度，切实服务三农工作，扩大宣传影响力，提升媒体公信力。除"公益助农"外，该中心还在App内开设线上商城"尤品铺子"推广尤溪本土特产，通过"以卖促宣"的方式提高了社会各界对尤溪特色农产品购买热情，充分调动用户活跃度，也使该中心获得一定营收。据了解，线上商城日均收益可达万元。但需要指出的是，这里的"直播带货"与近年来商业行为意义上的网红经济、电商消费不同，它是县级融媒体中心实现公共服务落地的创新手段。也正因为如此，这对中心自身以及相关部门在信息核实、产品监管、广告宣传等方面进行严格把关提出了更高的要求。

课题组认为,上述各项服务功能的开通与上线,使得"智慧尤溪"App 能为该中心带来一定营收,"一个能赚钱的 App"——这在全国县级融媒体中心的移动客户端中还不多见。其对"交叉补贴路径"的创新探索和"平台造血功能"的深度激活,构成了"尤溪模式"的核心亮点。但如何将基于公共利益的"造血"与以盈利为目的的经营区分开来,是所有县级融媒体中心需要长期坚守和探索的课题。

(三)深入基层,探索县域治理现代化路径

县域治理的现代化进程对于推进国家治理体系和治理能力现代化具有重要意义,新时代打造新型县域智慧城市、智慧乡村,需要通过数字化、信息化手段的支撑,而作为主流传播平台,县级融媒体中心对于县域治理现代化的探索具有天然优势。

2018 年尤溪县融媒体中心重组挂牌后,尤溪县委县政府就明确了其优先参与全县智慧政务、智慧城市等建设任务。近三年来,尤溪县融媒体中心通过下属的福建省朱子文化传媒有限公司(下文简称"传媒公司")参与智慧城市建设。2021 年,中心承接了尤溪新型智慧城市多功能数据中心改造工程,建设内容包括"尤溪县多功能会议基础性改造工程、多功能数据中心建造工程,以及线外工程、智慧文旅和智慧医疗建设工程等配套基础设施工程"①。据介绍,在具体参与形式上,传媒公司通过牵头协调县域资源、集纳社会资本,承接相应建设工程的招标、投建工作,从中获得一定比例的项目利润,而并非直接通过提供技术、人才、资金等方式进行建设。资料显示,尤溪县发改局已于 2020

---

① 《尤溪县发展和改革局关于尤溪新型智慧城市多功能数据中心改造工程项目建议书的批复》,尤溪县人民政府,http://www.fjyx.gov.cn/zfxxgkzl/zfxxgkml/zdjsxm_14511/202003/t20200331_1518271.htm。

年4月批复了传媒公司报送的关于尤溪新型智慧城市多功能数据中心改造工程项目可行性研究报告，截至调研之日，项目正在设计规划中。

在探索县级融媒体中心和新时代文明实践中心这"两个中心"如何相互借力、相互促进的途径方法上，尤溪县融媒体中心的实践也颇具特色。中心整合成立后，便成立了"融媒体宣传服务队"，结合志愿服务，持续开展进乡村、社区、学校专场活动。走基层、进乡村，服务队通过文艺宣传、融媒体产品展示等便民服务，为当地群众提供融媒体综合服务，丰富其精神文化生活。同时，该中心品牌节目"乡村大舞台"，将文化舞台搭建到村头，专业制编团队进基层、群众自主编排节目参演，配合融媒体平台播发，使他们在家门口就能享受到"文化大餐"。值得注意的是，"乡村大舞台"的推出凸显了"参与式"文化的重要特征，而这样的参与是有别于诸如"抖音""快手"等商业媒体平台以模板化、视觉化、标签化、城市化的呈现。以"百姓风采展示"为初衷，在"乡村大舞台"上呈现的节目不仅有舞龙、舞狮这样的传统乡村节目，还有《幸福小康新溪尾》《沧桑巨变八字桥》《我们的田野》等歌舞表演及展现脱贫成果、体现当地特色的音乐快板、原创小品等，更有当地乡村"名优特产推介"的环节，不仅使得带着"泥巴味"与"乡土气"的乡村文化在本土展现生机，还以群众文化的呈现方式回应了关于脱贫攻坚、新农村建设等新时代的重要命题。

此外，尤溪县融媒体中心从全县各单位、各乡镇分批选定100余名通讯员，培养通讯员队伍，并通过搭建专门发稿平台、建立发稿奖励机制等提升通讯员报道参与的积极性。2020年5月1日，"智慧尤溪"App为全县各单位、各乡镇第一批80余名通讯员开通了专用账号，能够在App内"快讯功能"进行专稿发布。截至 2021 年 11 月底，通讯员队伍在 App 上共计发稿 3500 余条，发布各类信息 2135 条。与专业记者不同的是，基层通讯员生活在一线、深耕在一线，他们既是基层岗位的参与者与实践者，也是基层社会的记录者与见证人，通讯员队伍的建设在有效补足采编人员缺口，打通新闻信息渠道，了解群众呼声，提升新闻"时效度"等方面都发挥着重要作用。同时能够在日常实践中及时发现身边人亟须解决的困难与问题并为之发声，作为"上传下达"的核心节点，因此，培养基层通讯员对于县级融媒体中心的内容生产及社会服务下沉来说是非常重要的。通过新闻采访、新闻摄影、新闻写作、新闻价值判断等相关业务培训，实现了通讯员这个非专职记者队伍在新闻内容采写方面技能的掌握，从而形成了扎根本土、深入基层、联系群众、服务群众的强大力量。

五　存在的问题与未来展望

尤溪县融媒体中心的一系列探索已形成了独特的"尤溪模式"，成为全国县级融媒体中心建设改革的典型案例。课题组认为，从全国来看，努力创收的县级融媒体中心不少，但"尤溪模式"的独特之处在于其不但开展多样化的经营创收，而且从目前的实践来看，其用经营创收反哺内容生产的思路和能力都比较突出。内容生产是县级融媒体中心的主责主业，经营创收的目的应该为其服务，而不在于盈利本身，这样的"造血"之路才是良性的、可持续性的。

不过，课题组经过调研认为，打造出强大的内容生产团队对于不少县级融媒体中心来说困难较大，其核心掣肘为人才短缺，即使对尤溪县融媒体中心而言，张敏也表示仍然存在人才短缺的问题。但需要强调的是，吸引人才不是一个单项任务，而是一项系统工程，有赖于各方面统筹配合，它很大程度上取决于融媒体中心能否成为一项"一把手"工程，因为只有这样才有可能在整个县级层面实现政策支持与资源整合，而这不仅仅是形成"尤溪模式"的关键要素，也是决定全国各个县级融媒体中心发展状况的关键要素。

二　立足媒体深度融合发展，助力县域治理格局转型

——山东省宁津县融媒体中心调研报告

受访者：范世民（山东省宁津县委宣传部副部长，宁津县融
　　　　　媒体中心主任）

访谈人：石力月　唐瑞雪　柳　童　朱雅文　牟颖颖

执笔人：石力月　唐瑞雪

访谈时间：2021 年 5 月

宁津县隶属山东省德州市，位于山东省西北部冀鲁交界处，区划面积 833 平方公里，下辖 9 个镇、1 个乡、2 个街道、1 个省级经济开发区，人口 48 万，是"中国五金机械产业城""中国实木家具之乡""中国桌椅之乡""中国民间艺术（杂技）之乡"和"中华蟋蟀第一县"。

该县地处北京、天津、石家庄、济南"大城市圈"中心地带、北临天津滨海新区、南靠省会城市群经济圈、东接黄河三角洲高效生态经济区。县内交通便利，境内公路四通八达，多条省

道及德滨高速穿境而过，济乐高速、京沪高铁东西并行。①

2020 年，宁津全县地区生产总值达 235.5 亿元，人均地区生产总值50834 元。② 根据 2021 年山东省内各区县政府发布的《政府工作报告》《国民经济和社会发展统计年鉴》及《山东统计年鉴》2020 年数据显示，宁津县 2020 年 GDP 在全省 136 个区县中位列第 97 名，在德州市 11 个区县中位列第 6 名。

宁津县同步推进三大产业发展，近年来培育形成了五金机械、实木家具、现代农业三大优势产业集群。同时，改善提升城市管理，大力推进智慧城市、海绵城市建设，2019 年 1 月，宁津县大数据局、大数据技术保障中心揭牌成立，落实县域内大数据发展规划、政策措施和评价体系，推进"数字宁津""智慧宁津"建设。

一 融媒体中心建设基本概况

宁津县的媒体事业在全省范围内起步较早，1950 年 11 月，宁津县广播收音站成立，8 年后正式开播；1984 年、1992 年，宁津广播电台、电视台先后成立；2010 年 6 月，《宁津报》创刊发行；2014 年，开通宁津广播电视微信公众号，为德州市首家。次年，山东省首个县级媒体手机客户端"智慧宁津"App 诞生。

2018 年 12 月 28 日，以广播电视台为主体的宁津县融媒体中心挂牌成立，县委宣传部下属的《宁津报》、宁津新闻网站管理职责也随即划转到融媒体中心。宁津县融媒体中心成为山东省两

① 《区位交通》，宁津县人民政府，http：//www.sdningjin. gov. cn/n50593809/n50593811/n50593819/c50598730/content. html。

② 《社会和经济概况》，宁津县人民政府，http：//www.sdningjin. gov. cn/n50593809/n50593811/n50593819/c50598730/content. html。

图1　宁津县融媒体中心

家中宣部重点联系推动单位之一。据介绍,2018 年,宁津县制定
出台了《关于推进县融媒体中心建设的实施意见》,为保障融合
进程,县财政投入资金 2000 多万元用于融媒体中心建设工作,在
报、网、台及新媒体资源整合的同时,将县大数据中心部分设施纳
入融媒体中心,为其建设提供了政策、资金、技术和人员支持。

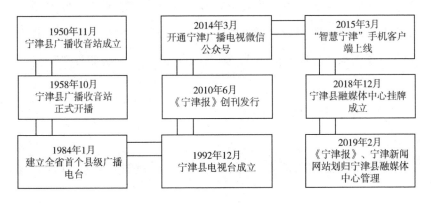

图2　宁津县融媒体中心媒体发展历程

资料显示，中心成立之初，下设总编室、党群办公室、推广部、新闻部、报纸编辑部、专题创作部、新媒体运营部、业务拓展部、编播部、广播工作部、人力资源部 11 大部门[1]，后经部门整合与人员调整，扩展到 14 个部门，并建立了编辑、技术、经营、监督 4 个工作委员会，作为中心议事协调机构，这 4 个工作委员会对 14 个部门进行协同管理，实现"条块融合""点面联动"。同时，还打造了融媒体中心调度系统"中央厨房"，推进生产流程再造与全媒体生产。

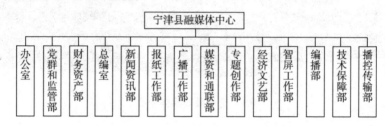

图 3　宁津县融媒体中心组织架构图

截至调研之日，宁津县融媒体中心最新架构包含办公室、新闻资讯部等 14 个部门，并经由报、台、网融合及"两微一端一抖"等平台搭建，实现全屏覆盖，全网分发。2021 年 5 月，宁津县融媒体中心移动客户端、网站及微信、微博平台账号获颁"互联网新闻信息服务许可证"。截至调研之日，该中心在职人员 105 人，其中在编与非在编人员比例为 7∶3，副高职称 10 人，中级职称 27 人。

二　平台搭建与流程再造

媒体融合是从内部到外部、全方位、系统性的融合过程。自

---

[1] 《宁津融媒"更名一月间"：名称虽改　初心不变》，"智慧宁津" App，https：// app. litenews. cn/share/YS0xOTMtMTMyODM4Nw. html。

挂牌成立以来,宁津县融媒体中心从组织整合、平台搭建到流程再造、业态创新,着眼于构建大宣传格局,实现了内外系统的整体性调整。

目前,宁津县融媒体中心拥有"新闻综合频道""综艺生活频道"两大电视频道、广播频率 FM95.2、中共宁津县委机关报《宁津报》、宁津新闻网,打造移动客户端"智慧宁津"App,同时运营"宁津融媒"官方微博及微信公众号,并入驻"人民号""新华号""学习强国融媒号"等移动媒体平台,构建全媒体传播矩阵。

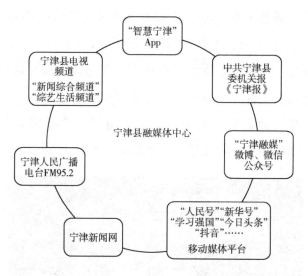

图 4 宁津县融媒体中心全媒体传播矩阵图

依据国家对县级融媒体中心建设"一省一平台"的要求,山东广电局自主研发的县级融媒体中心省级统一技术平台——"闪电云"于 2018 年 11 月正式上线,依托其融媒体生产管理系统、一县一端、屏幕播控系统等运用,为县级融媒体中心建设提供技术支持。

(一)对接"闪电云"平台,实现"省—市—县—乡"四级传播联动

"闪电云"平台在创建之初便为市级、县级融媒体中心预留

端口，各市县能在自有端口实现与省级云平台的信息通联、选题上传下达及重大报道的各级联动。同时，宁津县融媒体中心在柴胡店镇、津城街道、大曹镇和宁城街道建成了4个融媒体分中心，并将全县各乡镇与多家单位的80余名通讯员纳入"闪电云"管理系统，为他们开设相应的采编账号，通讯员可使用自有账号直接在"闪电云"系统发稿。此外，中心还通过开设一系列线上、线下培训打造基层通讯员阵地，有效实现省、市、县、乡四级传播联动。

在平台搭建方面，宁津县融媒体中心使用"闪电云"平台打造的新版"智慧宁津"App于2020年5月8日正式上线，累计注册用户数超过11万。然而，"智慧宁津"App平台早在2015年就已开始建设，由第三方技术平台开发，在完成数据迁移后，原有由第三方技术平台开发的部分功能难以同"闪电云"平台实现功能数据对接，而后者目前搭建"新闻资讯、政务服务与文明实践"三个基础模块，尚无法满足基层对个性化功能版块开发的需

图5 基于"闪电云"平台打造的智慧宁津App

求，这成为"智慧宁津"App 建设过程中面临的一大难题。正如范世民所言："平台的开放性问题关涉到未来全省'一张网'的可持续发展"。因此，如何在强化信息安全建设的基础上，实现省级统一技术平台多元化功能的开发运用，成为县级融媒体中心从"建强"走向"用好"的决定因素之一。

（二）推行系列改革，加速生产融合

在采编方面，宁津县融媒体中心"借助山东广电'闪电云'平台，打通了策、采、编、审、发、评全流程和频道、频率、纸媒、新媒体等各端口。"[①] 有效实现了"一次采集、多种生成、全媒传播"。同时，中心深入推进内部融合，强化编辑委员会（总编室）权威和系统性管理功能，把编播等部室划归生产一线，把经济文艺部等有生产能力的部室一体设置为内容建设的主要责任部室，实现了新闻生产全流程移动化与全环节协同化。

此外，为了打破原有部室限制，强化人员协同，中心以产品为纽带，按照"业余、兼职、共享"原则成立工作室。当前，宁津县融媒体中心工作室的发展仍处于初步探索阶段。其中，"悦读者"工作室于 2020 年 4 月 23 日"世界读书日"当天成立，后联合县教体局、新华书店等单位，在全县中小学中设置 13 个"悦读者"校园工作站，由全县师生进行音视频作品生产，发布在"智慧宁津"App 的"悦读者"和"我型我秀"两个栏目。据悉，该项目成立三个月内即发布了上千条作品。其中，300 多件作品在"学习强国"平台播发；"尹婷读党史""百个音频故事讲述英雄历史"等专栏成为县域内党史学习教育的创新之举。

课题组认为，融媒体工作室、项目制的打造以及运营方式的

---

① 范世民：《立足深度融合 构建县域"大宣传"格局——宁津县融媒体中心建设发展经验谈》，《现代视听》2020 年第 12 期。

创新，有利于突破部门职能分割的困境，实现组织架构扁平化与工作高效化。同时，中心顺应媒体深度融合战略，能够有效地聚合多媒体、跨平台的内容生产和项目策划及技术人才，以全媒体传播为着力点，在实现自有优质内容系列生产与个性化品牌集群打造的同时，助推优质人才的可持续性培育，是内部体量较轻、核心人员较少、项目规模较小的县级融媒体中心以"麻雀之身"积蓄"大传播能量"的一条可行途径。

三　体制机制改革与创新

宁津县融媒体中心作为县委直属二类公益事业单位，在编人员占中心人员总数的 70% 左右，在编人员工资由县财政全额保障，其余人员工资由中心自支。在进行体制机制改革、薪资绩效创新的基础上，该中心进行了部分项目合作、经营的尝试，探索"造血"机制。

（一）推行绩效的"联产承包责任制"改革，实行全员轮岗

顺应媒体融合时代对全媒体采编、运营人员的要求，宁津县融媒体中心组建了全媒体采编播管团队，建立"全员内部轮岗、派驻蹲点帮包"机制。譬如，该中心电视新闻编辑在熟悉原岗位工作后，将通过内部轮岗机制定期前往报纸编辑部进行轮岗；一线采编人员则定点派驻，进行"嵌入式"新闻采编。截至调研之日，中心已进行超过四次轮岗，初步实现所有人员至少两个岗位的从业经历，在关键岗位实现梯队跟进和人才备份。

在绩效考核方面，本着"移动优先"的原则，该中心将考核重点放在移动客户端平台上，每月拿出 2 万元初始创新基金，通过设立融合产品"项目制"的形式，实行部室"联产承包责任制"，按照最终运行效果，进行年终二次分配（或收回）。据中

心提供的资料显示，截至 2020 年 5 月，中心已累计发放绩效资金 104 万元。

在是否对微博、微信平台进行考核的问题上，范世民强调，它们虽然是当下十分重要的内容传播渠道，但为了避免过于重视第三方平台而忽视对自主平台（App）的建设，中心仅考核"两微"平台专职编辑，每月的补助仅有 200 元，并未纳入全员考核奖励的通道中。

（二）与县内企业开展项目合作，探索"媒体＋"业务拓展

在探索"造血"机制方面，由于宁津县融媒体中心没有成立公司，故未开展以中心为主体的经营活动，并且还担负着非在编人员工资与绩效薪资发放压力，因此，中心通过与县域内相关企业进行项目合作，并以利润分成形式获得相应项目营收，相应营收用以发放员工绩效以及支持中心内部的建设工作。

目前，宁津县融媒体中心已与县内金融、卫生、康养、教育、建设等领域多家企事业单位建立了深度合作关系。2021 年，中心与山东广电信通网络运营有限公司、宁津惠宁投资控股集团有限公司联合启动了"智屏融合"全媒体生态体系建设项目，在全县范围内以"新建＋整合"的方式进行楼宇电梯屏的智慧化建设，项目首批安装 300 部电梯。据介绍，未来中心计划依托宁津县电梯制造业优势，充分发挥以宁津县融媒体中心为代表的"智慧化党媒"影响力、传播力及内容生产能力，将项目推广到县域之外。

课题组认为，在没有成立经营性公司的情况下，宁津县融媒体中心依托自身"媒体＋"优势与当地实体经济发展、基础设施落地、智慧城市建设等工作相结合的思路，构建了融媒体中心建设与城市数字化转型深度内嵌的双向互动机制。

图6　宁津县数字化电梯宣传服务终端

（三）构建"产＋学＋研＋用"格局，创新人才培养模式

值得注意的是，除了内部日常培训机制外，宁津县融媒体中心十分强调"产学研用"相结合的思路，在进行业务实践的同时，积极推进理论科研工作，强化理论对业务的支撑。中心先后与山东师范大学新闻传播学院、马克思主义学院以及烟台大学人文学院等建立校地共建关系，共同申报多项省部级以上科研项目。譬如：2020 年，该中心和山东师范大学合作申报了国家广播电视总局社科研究项目《基于地域差异的县级广播电视媒体深度融合发展路径研究》；与省广电局、山东师范大学新闻传播学院

联合申报的《融媒体建设发展问题研究》荣获 2020 年全省政府系统专项调研课题一等奖。相关项目均由相关高校师生及融媒体中心管理人员、业务骨干担任核心成员,有效地实现了"业界"与"学界"、"科研"与"实践"的双向融合。

课题组认为,这些密切围绕县级融媒体中心自身建设发展的科研项目,一方面,助力于融媒体中心发现问题解决问题,从而使得后续工作的开展更具指导性、规划性与前瞻性;另一方面,强化县级融媒体中心与高校科研机构的交流合作,能够充分调动专业资源,为创新人才培养模式、扩大"人才蓄水池"提供助力。

四　社会服务与社会治理

在社会服务与社会治理方面,宁津县融媒体中心的主要举措是通过整合县域资源、实施"智屏融合"项目、发挥融媒"问政"优势等举措,助推基层治理的落地实施,助力宁津"智慧城市""智慧乡村"建设。

（一）整合县域资源,探索"媒体+"服务拓展

县级融媒体中心建设作为一项系统工程,内在于中国治理体系的毛细血管中,宁津县融媒体中心以自主平台为基础,充分调动、整合内外各项资源,使得精细化、智能化的服务能够深入基层、直达民众。具体而言,宁津县融媒体中心进行了以下尝试:

第一,建立"媒体+政务""媒体+服务"模式。作为全市首批实现政务服务数字化平台接入的县级融媒体中心,宁津县融媒体中心将本县行政审批服务全部纳入"智慧宁津"App"一次办好"窗口,并开通政务号 23 个,为政务办理与在线问政提供平台。同时,为规范农村小微权力的运行与管理,该中心与第三方公司合作,在"智慧宁津"App 平台开发接入了"智慧村务运

行系统"，村民可通过手机随时查询并监督村务公开情况，实现了"账目进手机、公开无期限、举报随时可点击"的功能。同时，在新冠肺炎疫情期间，"智慧宁津"App 接入了由县大数据服务中心开发的"疫情掌上通"软件，可提供疫情相关信息的实时查询。此外，还链接了县发改局"政策直通车"和县人社局"网络招聘"等网络服务版块，这些线上服务平台的构建有效实现了公共服务信息的聚合。

第二，打造"媒体＋文明实践"模式。县级融媒体中心与新时代文明实践中心"两个中心一起建"在构建媒体融合发展新格局下，为推动基层社会治理线上线下的"同频共振"提供了重要依托。2020 年，由宁津县融媒体中心委托山东广电信通公司"定制"开发的"宁津版"的新时代文明实践工作管理服务平台在"智慧宁津"App 上线，一方面提供组建志愿团队、报名志愿活动等功能，另一方面该平台的"点单服务"由群众实时发布志愿需求，对应志愿者进行"接单"，这个方式打破了志愿服务送单与群众需求之间不匹配的弊端，切实实现了对群众需求精准而及时的满足。

（二）实施"智屏融合"项目，构筑基层治理"一张网"

宁津县融媒体中心启动的"智屏融合"全媒体生态建设项目，凸显了融媒体中心的平台特征及优势。该项目"依托宁津县融媒体中心整合的广播、电视、报纸、PC 端、App 端、各类商业新媒体平台资源以及各类智慧屏幕、智慧社区一体机等"[1]，以"智慧宁津"客户端为核心内容，在全县范围内以"新建＋整合"进一步深度融合楼宇电梯屏、公交车载屏、站点屏以及户外大屏，在打造"线上＋线下"传播渠道的同时，打通了中央—省—

---

[1] 《宁津"智屏融合"全媒体生态体系一期项目上线》，"智慧宁津"App，https://app. litenews. cn/share/YS0xOTMtNjMyNjU2OQ. html。

市—县—乡—村传播链条。"显示终端可播放视频、网页、图片、直播信号、轮播等不同形式内容，可以实现与'闪电云'及县融媒体中心中央厨房的无缝对接。"① 它们与融媒体中心平台共同构成了多场景全时态的主流舆论宣传阵地。

在乡村，新时代文明实践广播是宁津县融媒体中心实施"智屏融合"项目的一部分。据资料显示，"该项目县级指挥调度平台建在宁津县融媒体中心，调控宁津县 821 个村的广播终端和城区近千套无线接收终端"②，能够实现与国家、省、市互联互通，功能共享，随时接入应急许可频道，以实现应急信息的精准、即时传播。在日常，街镇工作人员能够通过广播以"接地气"的方式宣传疫情防控技能、反诈骗知识、洪汛信息等。2021 年 7 月，宁津县汛期和 8 月漳卫新河行洪期间，"智屏融合"项目及时播出汛情和行洪预警，农村新时代文明实践广播通知沿河村民及时撤出河滩，城区主要路段的 4 块户外大屏及时播放即时消息，切实助力于县域社会治理效能的提升。

（三）发挥融媒"问政"优势，推进县域治理实效落地

"电视问政"是指通过邀请各职能部门负责人对群众关心的问题、遇到的困难或疑问在电视平台上进行解答及解决，这是实现媒体监督、政务公开以及联系群众的重要途径。在如今的融媒体时代，"问政"由电视、广播等传统媒体平台拓展至移动客户端等新媒体平台，进一步加强了交互性。

一方面，宁津县融媒体中心依托新开办的《阳光问政》节目，以直播形式开展可视化、可沟通的媒体问政。宁津县于 2013

---

① 《宁津"智屏融合"全媒体生态体系一期项目上线》，"智慧宁津"App，https：//app. litenews. cn/share/YS0xOTMtNjMyNjU2OQ. html。

② 《宁津县融媒体中心："智屏融合"织基层治理"一张网"》，"智慧宁津"App，https：//app. litenews. cn/share/YS0xOTMtNjk2NjI1NQ. html。

年5月起开办广播类舆论监督节目《阳光政务热线》，彼时该节目的制播还依托的是传统广播电视平台。自县级融媒体中心成立后，新版的《阳光问政》便通过"智慧宁津"App进行同步直播，群众能在评论区内进行互动，截至2021年1月，共计开播四十余期。该节目由宁津县纪委监委、落实办、热线办与宁津县融媒体中心联合开办，在节目中集中反映的问题，将由县委直属的落实办监督对应职能部门进行解决，并反馈给当事人，实现"现场集体问答、线下闭环办理"，充分发挥问政栏目的监督功能，加强问政单位与群众的互动，取得了良好的社会效果。

图7　宁津县融媒体中心《阳光问政》节目摄制现场

另一方面，由于电视节目时长和版面限制，《阳光问政》节目无法呈现问政的全部内容，因此，该中心还在"智慧宁津"App"阳光问政"版块开设了"我要问政"入口，可实现随时随地的提问。用户注册登录后，能够通过图文形式发布问政信息，由相关职能部门进行问题回复及后续问题的解决工作。平台系统还会通过对各职能部门问政回复率、满意度的计算，实时进行"满意度排行"与"回复率排行"，充分发挥融媒平台互动优势，做到有反馈、有落实、有评价。此外，该版块还开设了"部门职能"和"部门列表"栏目，帮助用户清楚地知晓遇到什么问题该找谁。

五　存在的问题与未来展望

走过近两年的融合发展，宁津县融媒体中心走出了一条具有自身特色的融合之路。2020年10月，宁津县全面完成了中宣部和省委宣传部试点建设任务，以德州市第一、全省前列的位次通过了县级融媒体中心建设考核验收，并获评"全国媒体融合先导单位20强"称号。课题组经过调研，建议未来从以下两个方面进行突破：

（一）加强技术建设队伍与能力

目前，宁津县融媒体中心技术人员的工作职能主要集中于对传统广播、电视的制作、播出及集成控制等方面的技术建设，而融媒体建设所涉及的软件开发、平台建设专业技术人员比较短缺。完全市场化的商业公司能够为后者开出高额薪资，县级融媒体中心能支付的薪资完全不能与之相比，因此难以招聘到与融媒体中心发展所匹配的高水平专业技术人才。

当然，这种状况不仅是宁津县融媒体中心一家的问题，课题组在调研中发现这在全国不同地区的县级融媒体中心中是普遍状况。此外，各地省级统一技术平台开发程度和水平也不均衡，加之省域广袤、县域多样，在省级平台搭建完成之后，如何进一步运维好、使用好，从而对县级融媒体中心的发展提供有力的技术支持,这都是各地的共性问题。需要特别指出的是,这个问题不是融媒体中心自己就能够解决的,尤其是技术人才短缺的问题,如何通过专门的机制、渠道和方法来解决,都需要顶层设计和系统性的考量。

(二)"造血"能力有待进一步提升

传统广告资源流失、没有自营的文化传媒公司、体制机制突破有限,加之区域经济规模不足、以实体经济为主体经济支撑……宁津县融媒体中心所遇到的这些创收瓶颈,也是全国不少县级融媒体中心建设过程中遇到的共性问题。宁津县融媒体中心通过整合各方资源所进行的项目组制对此困境做出了一定的突破。但长远来看,非常态化的项目建设与主体性有限的项目参与,可能会影响"造血"能力的提升。

因此,课题组建议,宁津县融媒体中心可以考虑将临时性的"项目组制"发展为较稳定的、可持续的"工作室制"。一方面,作为各级媒体平台体制机制改革重要环节的"工作室制"不仅以其扁平化、专业化、垂直化、全流程的机制创新,能够有效打破传统部门架构限制,联结外部各方资源;另一方面,工作室较为稳定的团队构成在复合型人才培养、融合型人才孵化及骨干人才"IP"打造方面都能够发挥比较有效的作用。同时,在调研过程中,课题组了解到一些县级融媒体中心"工作室"还采用了内部项目投标、竞聘等方式提升内部"创业干事"的活力。从相关实践的效果来看,这些能够在一定程度上优化"造血"能力,从而加强对融媒体中心各项职能的支持。

三 积累融媒实战经验 嵌入数字治理网络

——河北省雄县融媒体中心调研报告

受访者： 史润夏（雄县融媒体中心主任、县广播电视台台长）

访谈人： 葛家明 赵华健 陈 一

执笔人： 葛家明 陈 一

访谈时间： 2021 年 5 月

雄县隶属于河北省保定市，由雄安新区托管，下辖 6 镇 3 乡，总面积 677.55 平方公里，总人口 49.6 万人。① 2020 年全县财政收入（剔除基金收入）完成 83281 万元，一般公共预算收入完成 35801 万元。②

2020 年，雄县开展"三重四创五优化"活动，推进三城同创，巩固文明县城创建成效，加快建设省级卫生县城、省级森林城市。按照雄安新区管委会"成片开发、混合开发、融合开发"的总体要求，加快推进县城改造提升和老旧小区改造，并着力实

---

① 《雄县概况》，雄县人民政府网，http：//www.xiongxian.gov.cn/ejzjxx – 167 – 25.html。

② 《经济指标》，雄县人民政府网，http：//www.xiongxian.gov.cn/ejzjxx – 167 – 30.html。

施雨水提升泵站、应急水源、再生水厂、地表水厂二期等一批重点建设项目，全面提升县城品质，完善城市功能。①

雄县拥有医疗卫生单位 601 家，各级各类学校 340 所，高新技术企业 94 家。此外，雄县还拥有"中国古地道文化之乡""中国仿古石雕文化之乡""中国民间文化艺术之乡""河北书法之乡"等城市名片，近年来"华北明珠"白洋淀、宋辽边关地道、鄚州大庙、龙湾天鹅湖、雄州镇雄山公园、朱各庄迎宾园等旅游景区方兴未艾，每年都会吸引一批外来游客"打卡"。② 这些都成为雄县融媒体中心拓宽社会服务面过程中可以利用的资源。

一 融媒体中心基本介绍

2019 年 11 月，雄县融媒体中心成立，它是雄安新区建成的第一家县级融媒体中心。相比于东南沿海的县市，雄县原先的媒体基础较为薄弱，在人才队伍、营收能力、资源配置等方面均处于相对劣势。建设县级融媒体中心恰恰有可能使得本地主流媒体以融合为路径，为自身"赋能"，从而实现弯道超车，开创新的发展局面。

中心建成近两年来，实现了"两个转型"：一是在功能属性上从广播电视台向融媒体中心转型，形成"雄州之声"微信公众号、"冀云雄州"App、视频号、抖音、快手、微博、电视等组成的全媒体矩阵，引入"中央厨房"模式，实现"一次采集、多种生成、多元传播"的流程再造；二是在经营管理模式上向事业单

---

① 《城市建设》，雄县人民政府网，http://www.xiongxian.gov.cn/ejzjxx - 167 - 29. html。

② 《社会事业》，雄县人民政府网，http://www.xiongxian.gov.cn/ejzjxx - 167 - 31. html。

位企业化运作转型，在县委县政府的政策支持下，行使融媒体中心选人用人（包括招聘、解聘、绩效考核等方面）的自主权，并设立雄县广告公司，开展特色融媒体业务与服务，增强自主营收能力。

目前，雄县融媒体中心正逐步完善"一中心四平台"的总体架构，即努力将自身逐步建设成为当地的网络电商平台、助农扶贫平台、特色产业平台与数据平台。据介绍，融媒体中心现有在岗员工 58 人，基本实现同岗同酬。中心年自主营收接近 100 万元，实现了"从零到有"的突破。

二　平台搭建与流程再造

（一）整合利用各方资源，搭建移动优先的融媒矩阵

以"移动优先"为理念，雄县融媒体中心打造了"雄州之声"微信公众号、视频号、抖音号、"冀云雄州"App 等移动传播平台。其中，"雄州之声"微信公众号是内容生产发布的"主阵地"，篇均阅读量可达 10000 次；"雄州之声"视频号主打优质视频内容发布，单条视频最高浏览量达 26 万次；"冀云雄州"App 依托河北省长城网提供的技术支持，实现了地方新闻与省级平台的互动对接，运营效果在省内名列前茅。除了上述新闻发布平台以外，雄县融媒体中心目前正紧密加强与新华网的合作，探索开发电商孵化器、网红直播"带货"基地等共享服务平台。

在平台建设过程中，河北省委宣传部提供了 300 万专项拨款，支持融媒体中心采购单反相机、非编机、电台设备以及用于直播的软硬件设施，新华网出资为融媒体中心提供了指挥大屏、摄像机、电脑等硬件设施，并承诺共享服务平台建成后，为融媒体中心开放 5 年免费使用权限。这些资源的"加持"，对融媒体中心的

移动传播矩阵搭建、优质内容生产与传播起到了至关重要的作用。当然，除了这些外部支持以外，雄县融媒体中心也应不断加强"自我造血"能力，为自身平台维护与技术升级提供内生性力量。

（二）组建"媒体融合交流群"，提升一线团队的传播力

移动传播与多平台发布，对县级融媒体中心提出了再造内容生产流程的要求。为此，雄县融媒体中心将人力资源向一线倾斜，设立新闻中心和新媒体中心，由新闻中心负责采编县内重要时政新闻，新媒体中心负责运营微信、微博、抖音、视频号等新媒体平台，制作、发布新媒体作品。同时，组建"媒体融合交流群"，方便一线员工共享新闻素材，将素材分别进行适合微信公众号、视频号、电视传播的后期制作、审核，最终高效完成多种生成发布。课题组认为，"媒体融合交流群"是一种便捷的资源互通渠道，虽然这种交流群对技术的要求并不高，但它对于一个人员精简的融媒体内容生产团队来说，能够嵌入日常的行动场景，较为实用。

由于此前雄县广播电视台的在岗员工年龄结构呈现"大龄化"的特征，他们的新媒体素养难以匹配融合发展的需要，因此在融媒体中心成立之后，其中一部分人通过转岗"退居二线"，负责常务工作，另一部分人通过专业技能培训，逐步适应融媒体内容生产需求。通过这种分流方式，雄县融媒体中心提升了一线团队成员整体的新媒体素养，这有助于改善新媒体内容的质量与生产效能。

三　体制机制改革与创新

从属性上看，雄县融媒体中心是县委宣传部主管的副科级事业单位，享受地方财政差额拨款。雄安新区编办共划拨给雄县融

媒体中心 30 个事业编制，目前在编人员共 5 人，编外人员 53 人。除了设立融媒体中心主任统筹中心事务，还分别设有分管业务与机关事务的副台长 2 人、融媒体中心副主任 2 人，并搭建起中层班子，含新闻中心主任、总编室主任、制作室主任、广告公司主任、新媒体中心主任等岗位。

（一）完善激励机制，鼓励"多劳多得"

融合之前，原雄县广播电视台的员工工资由县财政包揽，除在编的管理人员之外，一线员工多为"合同工"和"劳务派遣"人员，"身份"多元复杂，考核标准存在差异，收入上"同工不同酬"，部分员工的工作积极性不高。融合之后，雄县融媒体中心坚持打破"身份差异"，采取事业单位企业化管理的模式，除了基本工资由财政承担，所有员工按照统一标准进行绩效考核，基本实现了编制内外同工同酬、多劳多得。

中心成立之初，积极向邻近县市传媒底子较好、营收能力较强、管理经验较先进的融媒体中心"取经"，参考它们的绩效考核指标拟定经验，形成了自己的考核体系，各中层主管具体负责下属员工的考核与管理。以新闻中心为例，一线记者以每月 4 篇新闻稿为基础工作量，超出部分按篇计算稿酬（政务要闻 40 元/篇、优质稿件 30 元/篇、普通稿件 20 元/篇、简讯 10 元/条）。尤其值得注意的是，为了有效激励优质内容生产，雄县融媒体中心成立了优质稿件评估小组，定期阅片、评稿，选取制作精良的作品，对主创人员进行奖励。

此外，完善社会业务（如宣传片、商业直播等）的提成标准，增强员工获得感。以商业视频剪辑为例，负责剪辑的员工按订单 1000 元以内 50%，超出 1000 元部分 20% 的标准抽取劳动提成。在这种激励形式下，员工的积极性得到提升，纷纷主动投入工作。据了解，部分一线全媒体记者积极参与中心社会业务的策划与执行，可以实现月收入 2 万元。通过"业务提成"的形式，员工从经营性业务中的获利空间增大，带动了他们参与融媒体中心营收项目的积极性，有助于形成媒体组织"自我造血"与媒体工作者收入提升之间的良性循环。

（二）增强自主营收，举办"三大春晚"

融合之前，雄县广播电视台没有自主营收来源。融合之后，雄县融媒体中心向湖南省浏阳市融媒体中心学习，并结合自身特色条件，探索自主营收渠道。除了承接当地政府机构、企事业单位的宣传服务，融媒体中心还承接当地大型会展、直播，尤其是开办"三大春晚"（少儿春晚、廉政春晚及雄县大春晚），极大地增加了经营性收益。2021 年，"少儿春晚"直播观看量达到 46 万，创收共计 15 万元，就单场活动的收益情况而言，这在河北省所有区县的融媒体中心行列里处于较高水平。

图 1　雄县融媒体中心"少儿春晚"编导团队

当然，放眼全国范围内看，现阶段雄县的自主营收额并不算高。课题组认为，处在雄安新区，雄县当地的企业、文旅资源十分丰厚，这些资源理应成为融媒体中心进一步拓宽营收空间的着眼点。

四　社会服务与社会治理

由于媒体融合起步较晚，雄县融媒体中心在社会服务与社会治理方面，还没有开创十分具有突破性的路径，目前主要对标中央关于县级融媒体发展的三大基本功能定位，即"主流舆论阵地"、"社区信息枢纽"和"综合服务平台"。在对标建设的过程中，中心初步取得了一些可观的进展。

（一）转换话语策略，生产贴近群众的主流新闻

为了打造移动传播时代人民认可、欢迎的"主流舆论阵地"，雄县融媒体中心在主流新闻的制作与传播策略上"做功课"。相较于以往严肃、宏大的叙事风格，近年来融媒体中心转换话语策略，推出了更多贴近群众生活，更能引发社会共情的主流内容。例如，《雨后，一个令人惊艳的别样雄县》从大雨过后的城市景观切入，引出地方党委政府坚守在防汛防洪一线为人民服务的工作群像，破除了以往"工作纪要"式的新闻话语风格，使得不少民众点击、互动，单篇稿件阅读量突破 1 万；以视频形式展现雄安新区建设过程中各行各业劳动者的群像，让每一个坚守在平凡岗位上的人感知个体在社会建设中的价值，镜头设计和呈现效果均能引发"共情"，契合微信公众号文章中短视频传播的规律；拍摄"两会 Vlog"，通过主播的视角带领观众了解两会流程、重要议题。这些稿件表明，雄县融媒体中心正努力从传统媒体内容风格向新媒体内容风格转型，无论是市民群像短视频，还是"两会 Vlog"，都体现出中心一线工作人员一定的创新能力。当然，要想在此基础上不断突破，持续提升内容质量，仍然有赖于更为

专业化的内容生产团队建设，雄县融媒体中心目前在这方面还有一定的上升空间。

（二）各主体加强合作，打造政务、服务与电商平台

在综合服务方面，雄县融媒体中心目前正积极筹备在"雄州之声"公众号开辟"互联网＋政务"和"互联网＋服务"版块，将本地群众日常缴费、出行等服务功能以及政务公开机制融入现有平台中。中心负责人注意到，要实现稳定、便捷的综合服务功能，离不开数据资源的支持。因此，雄县融媒体中心正筹备建设线上数据平台，让老百姓可以一目了然地了解当地吃、住、行、游、购、娱等生活服务的网点分布。同时，积极与"云上雄安"数字城市建设相互动，正努力以直播带货为切口，在新华网的技术支持下打造"互联网＋电商"平台，并通过新华网流量池进行推广，扩大平台覆盖面。中心负责人表示，如果这一规划能够尽快落实，将便于本地的优势品牌和优质产品打出"知名度"，为当地企业创收，助力乡村振兴。但从目前来看，这一筹划的推进程度显然并不理想，资金、设备等方面还不到位，这也反映出雄县融媒体中心与新华网合作的效率有待提升。课题组认为，这样的现象恰恰表明，县级融媒体在与更高层级的技术公司合作时，应主动制定可操作方案，并合理规划方案进度，努力掌握合作的主动权。

（三）开辟党群对话渠道，加强文化引导治理

雄县融媒体中心将"社区信息枢纽"与基层社会治理有机结合。中心负责人认为，县级融媒体中心应打通基层群众与基层政权之间的对话空间，成为政策与民声上传下达的重要枢纽。因此，中心于2019年在"雄州之声"微信公众号开辟"回音壁"专题，让雄县各个乡镇、街道、社区的民众通过融媒体中心就身边问题进行反映，真正做到"民有所呼，我有所应"。同时，雄

县融媒体中心也在争取做强"电视问政",并在融媒体中心的平台之上打造"问政大厅",目前已经获得县委县政府领导的支持,但就协调与合作的具体步骤、过程等方面,还在与有关部门进一步协商。课题组认为,要做好这方面的协商,不光融媒体中心要不断完善技术、人才等软硬件条件,还有赖于县委县政府从全局出发,进一步给出更为具体的政策支持。

此外,除了通过"回音壁""电视问政"等途径参与基层社会治理,雄县融媒体中心还注重引导群众通过文化参与增强政治认同。雄县融媒体中心举办"少儿春晚",让全县有才艺的少年儿童可以展示自己的风采,并且向贫困户免收报名费,对贫困户的子女进行义务才艺培训。在农村,融媒体中心引导农民组建广场舞队以及乡村文化传播站,不少农民通过这个平台自主创作了歌颂中国共产党的民间歌曲、戏曲。融媒体中心记者在采访中,发现了一个生动案例,北沙乡小庄村居民孙砚平创作的快板《十九大精神谱华章》,以自己的方式唱出了对中国共产党的拥护与热爱。这也启发了中心负责人,决心在接下来的工作中,继续激发地方群众通过文化参与社会治理。

五 存在的问题与未来展望

当前,雄县融媒体中心已通过近两年的摸索与尝试,明确自身发展方向,并初步做出了一些成果。由于各方面还处在起步阶段,在探索中也暴露了一些问题。

(一)对外部资金的依赖性较强,"自我造血"能力需提高

在建设初期,雄县融媒体中心的发展资金大部分来自上级拨款和相关技术平台的援助。这些外部资金虽然能够帮助雄县融媒体中心在短时间内快速地搭建起内容生产、综合服务和社会治理

图2 相关作品获得农业部有关司局和农业电影电视中心的奖项

的平台架构，但未必能够长期为中心发展提供动力和源泉。因而，雄县融媒体中心应当进一步提升"自我造血"能力，做强经营性业务，掌握未来发展与建设的资金主动权。

目前，雄县融媒体中心的年经营收入不足100万元，虽然实现了"从无到有"的突破，但对于中心的长期发展而言，这个数额还需要不断提升。一方面，雄县融媒体中心应扩大"少儿春晚""廉政春晚""雄县春晚"等特色活动的影响力，提升这些大型活动所带来的经济效益，此外也应进一步挖掘和利用本地各类优势资源，丰富经营性内容种类；另一方面，雄县还应在"互联网＋电商"平台的建设过程中，探索有效的经营机制。

（二）已落实的综合服务项目有限，需与当地职能部门不断协调合作

中心建成两年多来，"问政大厅"、"互联网＋电商"、地区数字网点等服务尚处在构想和起步阶段，真正落实的综合服务项目比较有限。面对这一问题，雄县融媒体中心需要继续争取各级党委政府的资源倾斜，深化与新华网、长城网等国家级和省级媒体的合作，升级与优化融媒体中心的综合服务版块。融媒体中心也应积极争取上级党委政府更多具体化的政策支持，减轻"问政大厅"建设等环节中的客观阻力。在"互联网＋服务""互联网＋政务""互联网＋电商"的技术平台搭建过程中，借助这些平台在赢得用户流量等方面的优势，扩大影响范围，使得自身服务能够切实地为百姓提供便利。

（三）社会治理的面向单一，要深度嵌入"云上雄安"治理体系

课题组认为，雄县融媒体中心当前主要通过增强党群对话、"回音壁"栏目问政等途径参与社会治理，面向较为单一，与"云上雄安"数字城市的配套程度仍需提高，数字治理的能力仍然有待提升。

接下来，雄县融媒体中心可继续完善"一中心四平台"的架构，在大数据舆情分析、政务服务、乡村振兴等方面"下功夫"。优化网络电商平台、助农扶贫平台、特色产业平台与数据平台的功能，使之与社会治理在政治、经济、科技、文化等方面的需求全方位对接。

四 "一融人民，二融资源"，多元参与基层社会治理

——河南省项城市融媒体中心调研报告

受访者：田维林（河南省项城市融媒体中心主任）

访谈人：石力月　柳　童　唐瑞雪　朱雅文　牟颖颖

执笔人：石力月　柳　童

访谈时间：2021 年 5 月

项城市隶属周口市，位于河南省东南部，地处豫皖两省交界，总面积 1086.3 平方公里，是河南省重点扩权县（市）之一。据最新统计数据显示，该市人口 126 万，辖 15 个镇、6 个办事处。项城市先后获得全国文化先进市、全国科普示范市、中国建设防水之都、全国新时代文明实践中心建设试点县（市）等一批国家级荣誉。2020 年生产总值完成 383.90 亿元，同比增长 2.9%，其中，一般公共预算收入完成 14.22 亿元，同比增长 6.1%，税收占比 70.6%①。

---

① 数据来源：《项城市 2021 年政府工作报告》，项城市人民政府网，http：//www.xiang cheng. gov. cn/sitesources/xcszf/page_ pc/xxgk/zfgzbg/article8e759fc71e3345609696cd245059c786. html，2021 年 3 月 23 日。

作为周口市设立较早的县级市,项城市各方面发展居周口市各区县前茅。城市功能逐步完善,老城区、城南新区、产业集聚区、行政新区、文化旅游区融合互动良好,"中心城区建成区面积 48 平方公里,城镇化率 51.13%,居周口各县市区首位,并先后被省政府列入全省新型城镇化综合试点市、全省首批百城建设提质工程市、全省 8 个区域性副中心城市等"①。

此外,项城市信息化基础设施建设覆盖面也不断扩大,本地媒体资源齐全,早期开办有报纸《项城市讯》、杂志《项城瞭望》,于 2013 年成立项城市广播电视台,拥有 2 个电视频道和 2 个广播频率,随后"两微一端一网"等新媒体平台相继搭建起来。"一网通办"系统覆盖率 100%,已建成市镇村三级全覆盖的政务服务网。在信息畅通、办事便捷的前提下,项城市"放管服"改革经验已成为县域治理经典案例在全省推广。

一 融媒体中心建设基本概况

据介绍,项城市融媒体中心的建设以构建"全媒体管理体系、全媒体内容生产体系、全媒体服务体系、全媒体产业体系"为目标,而这其中所涉及的人员管理、技术运维、内容生产、社会服务等方面的改革与创新,既是县级融媒体中心"建强"的关键指标,也是决定其能否"用好"的关键。

早在 2016 年,项城市便开展了县级融媒体中心建设的尝试。探索初期,专门成立了由市委书记任组长、市长任常务副组长、宣传部部长兼任办公室主任的媒体融合工作领导小组,制定下发

---

① 《走进项城》,项城市人民政府网,http://www.xiangcheng.gov.cn/sitesources/xc-szf/page_ pc/zjxc/list1.html。

了《中共项城市委关于完善项城市融媒体中心发展的实施意见》等文件，还在市委、市政府层面多次召开了专题会议。市级党政"一把手"的重视，对项城市融媒体中心的迅速发展至关重要，并为后续体制机制的持续改革提供了有力保障。

2016 年 10 月，项城市融媒体中心正式挂牌成立，中心融合了原有广播、电视、报纸、杂志、"两微一端一网" 8 大平台，是项城市宣传部管理的正科级事业单位。中心下设办公室、融媒体指挥中心、总编室、人事科、计划财务科、视频部、音频部、图文部、技术中心、媒资中心、营销中心、安全保卫科 12 个部门（如图 1）。

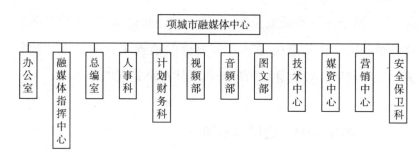

图 1　项城市融媒体中心组织架构图

2018 年 9 月，项城市融媒体中心成为中宣部重点推动的县级融媒体中心 5 个试点样本之一。2020 年，项城市融媒体中心开始筹建文化传播公司，主要负责直播电商、活动策划、专题片制作等营收项目。

二　平台搭建与流程再造

具体来看，项城市融媒体中心以原项城市广播电视台为主体进行融合，整合了报纸《项城市讯》、杂志《项城瞭望》、项城

图 2　项城市融媒体指挥调度平台

网、"掌上项城"微信公众号、"项城市融媒体中心"微博、"项城云"App、"云上项城"App 以及部分户外宣传资源,并在央视新闻、新华社、河南卫视等主流媒体移动客户端以及抖音、快手等商业平台中均有账号入驻,形成了全媒体传播矩阵(如图3)。

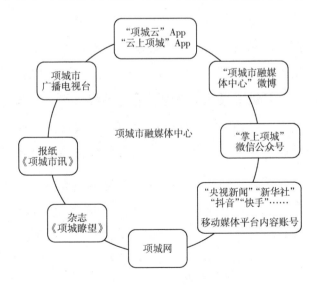

图 3　项城市融媒体中心全媒体传播矩阵图

（一）整合移动端政务媒体账号，实现对基层的全覆盖

除了自身的全媒体传播矩阵外，项城市融媒体中心还整合了地方各委办局在"项城云"App、抖音、快手、视频号等移动端上的账号，打造了一个以小屏为主的政务媒体矩阵。具体操作方式是由账号主体单位进行选稿，再由融媒体中心编辑审核，如果发现问题及时纠正；在市委、市政府有重大工作需要配合发稿时，中心则会统一供稿、统一推送。其中，部分委办局的账号交由融媒体中心有偿代运营，另一部分账号则自运营，但中心同样会对其发布的内容审核把关。

项城市融媒体中心移动政务媒体矩阵的组建最初是从微信公众号开始的。与其他地区一样，为落实推进"互联网＋政务服务"的工作，项城市大部分委办局及乡镇均开通了政务微信公众号，但经过一段时间的运营后发现，这些公众号"普遍存在更新不及时、发文不规范、舆情引导不专业等问题，造成推文不受欢迎、关注数惨淡，随之出现不少'僵尸号'"[1]，并且"各自为政"的做法使得各单位的微信公众号"各行其是，眼光只聚焦在本单位工作上，各自为政，服务碎片化，就像是一个个散兵游勇打游击，缺乏统一管理"[2]，不利于全局性、协同性的工作开展。在此情况下，县级融媒体中心作为专业的媒体平台，为各委办局提供了帮助——最初，中心托管了"项城市教育体育局"微信公众号，通过研究其粉丝群体的特征，有选择地对稿件进行分类推送，在增强粉丝黏性的同时也增加了平台的服务性。后来，该账号实现了多个栏目的创新，推送频率、发文数量有了明显提升，

---

① 刘杰：《统一管理共同发声　形成强大舆论合力——项城市融媒体中心微信矩阵建设探究》，《中国记者》2020 年第 2 期。

② 刘杰：《统一管理共同发声　形成强大舆论合力——项城市融媒体中心微信矩阵建设探究》，《中国记者》2020 年第 2 期。

粉丝数也在 3 个月内由原来的 1500 个增长到 5 万多个。有了这一成功案例以后,本地其他委办局、乡镇单位纷纷主动与项城市融媒体中心进行合作。维护了 1080 个微信粉丝群,由编辑、记者进行维护,在转发公众号文章至群中的同时,通过征集新闻线索、展开话题讨论、反馈粉丝意见等方式,加强中心与居民之间、居民与居民之间的线上互动。如今,在抖音、快手等商业短视频移动平台兴起以后,中心所托管的账号形式更加丰富,综合影响力也不断扩大。

(二)软硬件共同发力,技术推进"移动优先"

与其他诸多县级融媒体中心情况不同的是,项城市融媒体中心拥有两个移动客户端:"项城云"App、"云上项城"App。其中,"项城云"App 为 2016 年中心成立之初便委托第三方公司开发的产品,彼时国家还没有启动县级融媒体中心建设。截至调研之日,该 App 已有粉丝 48 万,占全市常住人口数一半以上。

在"项城云"App 投入使用后的几年中,随着全国县级融媒体中心建设工作的不断推进,河南省委宣传部确定由河南广播电视台承担建设本省县级融媒体中心统一技术平台——"云上河南",并统一开发以"云上 + 县(市)名"为名称的 App,"云上项城"App 就是其中之一。一方面,"云上河南"技术平台能为技术条件有限的县级融媒体中心提供技术支持与日常运维;另一方面,该系统也为各县级融媒体中心提供了内容生产上的支持,既承担了上级平台全媒体资源库的职能,也是本地内容向外传播的渠道和端口。

就使用功能而言,两个 App 目前能够实现一定程度上的互补——融媒体中心自建的"项城云"App 掌握了大量的用户数据,能够提供更贴近本地居民生活需求的服务,而省级统一技术平台开发的"云上项城"App 则在打通市级各部门资源上更占优势，能够提供市级信息平台的查询服务。然而，全省 104 个县级融媒体中心的 App 开发与运维需求，对于省级统一技术平台的反应速度、服务能力都提出了较大的挑战，因而对项城市融媒体中心来说，原有的"项城云"App 由于运维效率较高，运行更加稳定，目前得到了更多的使用。

除了软件开发外，县级融媒体中心的建设发展还需要硬件支持。项城市融媒体中心成立以来，"市财政先后投入近千万元，建成了'中央厨房'，购买直播车，建设了 360°的演播厅，添置了采编播高清设备"①，为其内容生产夯实了硬件基础。

（三）打造基层"主播"，再造新闻生产流程

县级融媒体中心建设的"移动优先"目标对新闻生产流程的改革与创新提出了新的要求。

一方面，项城市融媒体中心将原电视台下设的广播中心、电视中心、融媒体中心重组成了视频部、音频部、图文部，打破了不同传播介质间的内容生产壁垒，满足了"一次采集，多种生成"的内容生产要求。

另一方面，对于一个下辖十余个乡镇的县级市而言，如何将内容有效地传递到基层，并与基层实践及需求同频共振，是县级融媒体中心的核心任务之一。为此，项城市融媒体中心在原先各村镇通讯员的传统采写模式已难以满足目前移动媒体端内容生产需求的情况下，启动了"主播培训计划"，为原先的通讯员提供统一的培训，使其"化身"为能出镜、会讲解的"主播"。"主播"们根据中心所下发的选题进行视频拍摄。例如 2021 年春节期间，融媒体中心就设置了"年味"的主题，"主播"们走街串

---

① 《河南省项城市融媒体中心从"项城云"到"直播搅动全城"》，中华新闻传媒网，http://www.xinhuanet.com/zgjx/2019－05/29/c_ 138099330. htm，2019 年 5 月 29 日。

巷，用视频记录下了不同街镇、乡村的过年景象，再由中心记者与编辑制作成片并进行发布，这样既能够及时获得丰富的一手素材，视频内容的后期制作也得到了保障。

此外，针对非专业的"草根主播"，"项城云"App还推出了"圈子"功能，能为用户提供内容创作与交流分享的平台。用户可以通过"随拍随写""项城美食""同城车友"等"圈子"发布图文及视频内容，每一名用户都能拥有专门的主页，搭建更贴近本地生活的"自媒体"平台。据介绍，今后随着"主播培训计划"的进一步推进，"圈子"中的活跃用户也能参与其中，这些基层"主播"将成为融媒体中心的新生力量，为内容生产提供更多可能性。

三 体制机制改革与创新

融媒体中心成立之后，在项城市人社局的支持下充分拥有了人才招聘的自主权，能够招聘符合中心建设发展需求的全媒体采编人才及相关管理人才。中心成立后，人员数量达百余人，主要扩大了编外人员规模，仅保留了少量事业编制。新招聘的员工均属于合同制，不进入事业编，但相关待遇与编制内人员相同。

（一）深化体制机制改革，创新人才培养形式

据介绍，项城市融媒体中心内部员工采取层级制管理模式，由视频部、音频部、图文部等几个部门的主任管理部门内的记者、编辑，总体而言，薪酬分配向采编一线倾斜。对于招聘的高端人才，中心按照一定标准发放"安家费"和生活津贴。目前，项城市融媒体中心整体人员年轻化，新入职人员平均年龄26岁，中层领导大多为"90后"。

中心实行事业单位企业化管理，通过"绩效考核制、零工资

制、全员竞聘制、数据考核制、末位淘汰制、项目负责制"① 等办法，解决员工可能出现的"人浮于事""在岗不干活"等问题，同时能够打破员工身份限制，激发活力。绩效考核方面，由于在"移动优先"的要求下，大部分日常内容由一名全媒体记者便可完成全套采编及移动端的发布，因此可以直接根据移动端内容的点击量、播放量对记者进行考核；如涉及重大事件，需要在不同平台发布，则根据不同平台的权重、作品的篇幅进行考核。而从"零工资制"等激励措施来看，中心体制改革颇具力度，虽然在此过程中也会产生一些矛盾，但据田维林介绍，从实践结果来看，员工们的业务能力与工作积极性都得到了明显的提升。

与此同时，为了最大限度地激发人才创造力，中心还设置了"融媒工作组"制度，中心员工可以根据个人兴趣、业务专长、资源等自由组合成为团队进行内容创作。每个"融媒体工作组"由 1 至 2 人牵头，招募其他有兴趣的成员参加，人员组成可以跨部门、跨行业，甚至可以和中心以外的人进行合作。中心每月也会专门对工作组的作品进行考核，并对表现优异的团队给予奖励。

此外，秉持"人才不为我所有，但却为我所用"的原则，项城市融媒体中心还聘请了全国 30 多位来自广播、电视、新媒体、运营等领域的专家组成智囊团，定期到中心帮助解决发展中遇到的问题；并与中国人民大学、中南大学、郑州大学、河南大学、浙江传媒学院等院校展开战略合作，培养全媒体记者、编辑和管理人才，通过输送员工到各高校进行专业培训，实现了由"一人一岗"到"一人全岗"的转变。对此，田维林无不幽默地描述道："经过一个月的封闭培训，连原来的司机师傅都可以出去独

---

① 《项城：以改革创新推进媒体融合向纵深发展》，映象网，http：//news.hnr.cn/djn/article/1/1336499909821599744，2020 年 12 月 9 日。

立完成采访了。"

（二）建立全媒体产业体系，提升"造血"能力

融媒体中心成立以后，主要以建立融创文化产业园为创收来源，致力于成为房地产、音频制作、视频制作、项目策划、活动会展、少儿培训、文化产品、网红孵化、直播电商等为一体的文化产业平台，实现不同产业跨界融合。

据介绍，房地产销售是中心收入最主要的来源，以包销模式、提点分成模式、宣传销售模式等实现创收。此外，中心还与项城市各单位合作联办栏目，并为政府或联办单位提供购买服务，每个栏目平均收入为 60 万元，此为其收入的另一主要来源。与此同时，结合当下媒体业务发展趋势与疫情过后拉动地区消费增长的需求，活动会展与直播电商成为融媒体中心目前着重推广的另外两大业务，不仅能创收，也能带动地区相关产业发展，反哺地方企业。

四 社会服务与社会治理

田维林认为，融媒体不仅仅是传播手段、技术、内容的融合，核心是要让媒体与人民群众相融合，要让党性和人民性相融合，把融媒体作为基层治理的重要运营主体，推进全媒体传播体系和基层治理体系一体化建设。

（一）加强栏目创新，探索"主流舆论阵地"新形态

据介绍，为夯实主流舆论阵地，项城市融媒体中心结合全媒体平台，依托短视频、直播等形式，进行了多档栏目创新。先后开设了《一起来学习》《向总书记报告》等 20 多档全媒体栏目，并在原有县级人民广播电台之外开设 FM105.9 "传习广播"，每天滚动播出习近平总书记原声音频，设置时政微话题，供广大群

众参与互动。与此同时，中心还围绕市委市政府的重点工作开设了专题栏目，通过设置栏目和多个平台宣传互动，把相关工作部署传递到基层。例如：在参与创建全国文明城市期间，中心就开设了专栏，配合执法部门取缔城区非法营运三轮车。从相关政策的宣传，到记者直接上门入户开展针对性的采访，能够让车主和乘客深刻认识到非法营运与乘坐三轮车的危险性，使得后续取缔工作能够顺利展开。值得强调的是，相关栏目都将群众在相关议题中的参与互动作为必不可少的一部分，充分利用了融媒体平台交互性强的特点，在一定程度上打通了群众发声的渠道，从而提升了融媒体中心融入基层的能力。

图4　项城市融媒体中心传习广播

此外，新冠肺炎疫情期间，项城市融媒体中心开设了"名师空中直播课堂"，使得本地18万中小学生停课不停学、离校不离教，最大限度地降低了疫情对学校教育教学的影响。在疫情期间，融媒体中心考虑到不仅中小学生上课问题需要解决，其他各年龄段群众的身心健康也应得到关注，因此，利用其直播优势，开通了面向全年龄段的"同城直播"课堂，开设书法、亲子、绘画、摄影、舞蹈、心理等各类直播课堂431场，观看人数累计9000多万人次。在不断实践过程中，直播已成为项城市融媒体中心常态化传播方式，2020年全年共直播632场，总播放量达1.5亿。

（二）借助电商直播，维护本地营商环境

在对"造血"机制的探索过程中，项城市融媒体中心在电商直播领域表现突出。中心同抖音、快手等官方认证MCN机构共同建立了直播工会，目前团队人员30余人，孵化主播100余人，形成了"直播电商＋乡村振兴""直播电商＋大型商场""直播电商＋企业"等多种模式，依托融媒体中心所建立的融创文化产业园，构建网红经济新业态。项城市的汝阳刘笔业、杂技学校、官会皮革、黑谷源等20多个企业产品进驻文化产业园，由融媒体中心通过直播，把本地产品卖出去，在扩大平台影响力的同时，推动了地区经济发展。此外，在"项城云"App内还有"圈本地"

图5　项城市融媒体中心直播带货场景

小程序，同样依托直播的形式，供本地群众购买到最实惠的本地产品以及本地商家优惠券，促进消费增长。

课题组认为，在电商直播方面，相比于企业的"自学成才"，县级融媒体中心毫无疑问更具有人才、技术、设备上的专业优势。对于做惯了电视"重直播"的融媒体中心来说，操作手机端的"轻直播"驾轻就熟，更能给用户带来良好的观看体验，也更能为本地产品的销售提供保障。正因为如此，项城市融媒体中心将电商直播作为了接下来"造血"能力提升的主要方向之一。

（三）依托"智慧+"服务，解决基层社会治理问题

在"新闻+政务+服务"的要求下，一方面，融媒体中心的"项城云"App 打通了42家职能部门和各镇办服务大厅网上端口，能够为群众提供1193项服务项目，如开通网上水、电、气缴费、购买车票、网上挂号等生活服务，以及与企业、个人办事相关的政务服务，实现了"掌上便利"。与此同时，融媒体中心还整合了市长热线、市长信箱及职能部门的热线电话，搭建了移动端的群众诉求平台。此外，还开设了《马上就办》栏目，成为帮助本地群众解决问题的常态化服务平台，群众一有"爆料"，栏目便对接相关职能部门，将问题解决的全过程进行直播，把矛盾解决在一线，化解在基层。截至2020年底，平台已累计收到"爆料"3.6万多个，问题解决率达98%，成为了解民情、回应民意的主要渠道之一。

另一方面，在掌握全市大数据的基础上，项城市融媒体中心还推动建设了"智慧扶贫大数据平台""智慧农村改厕大数据平台""智慧监督平台"等，统揽了本市"智慧+"服务。利用数据可视化等专业优势，为相关平台提供数据支持。如"智慧扶贫大数据平台"就是依托扶贫干部在走访贫困户时，拍摄图片、视频，并将素材上传到平台，以实现数据收集，这同时也是对相关

工作人员的监督。以此能够大大减轻基层工作负担,转变干部工作作风,为打赢脱贫攻坚战提供有力的信息技术支持;在农村改厕工作中,项城市融媒体中心记者参与监督,通过拍摄从规划、设计,到施工、完成的相关影像数据,建立了"智慧农村改厕大数据平台",在移动端便可查看每村、每户改厕情况。截至2020年1月,该平台共上报各类环境问题2012件,办结率98.6%,推动了项城环境质量好转①;另外,为推进"以案促改"制度化、常态化,中心开发了"智慧监督平台",有网络问政、信息发布、检查记录等功能,实现了对监察对象的全面监督,有效推进全面从严治党,切实解决群众身边的腐败和不良作风问题。总体来说,项城市"智慧+"服务目前已呈体系化,在逐步下沉并覆盖村镇、社区的过程当中,对解决基层社会治理问题起到了至关

图6 项城市融媒体中心《电视问政》节目摄制现场

---

① 数据来源:《河南县级融媒体中心建设丨项城:推进全媒体传播体系和基层治理体系一体化建设》,大象新闻网,https://dxshare.dianzhenkeji.com/daxiang/article/1/121763970 3529000960,2020年1月16日。

重要的作用。

五　存在的问题与未来展望

综上所述，项城市融媒体中心在建设过程中已搭建起了较为完善的全媒体传播矩阵，也逐步形成了适应媒体融合发展的体制机制，并在社会服务与社会治理方面有了一定的成效。不过课题组经过调研认为，项城市融媒体中心现阶段的建设发展还存在以下两方面的问题：

首先，两个融媒体 App 同时使用，对内容生产、各类服务的提供以及数据的整合及使用均有一定的影响。按照中宣部《县级融媒体中心省级技术平台规范要求》和《县级融媒体中心建设规范》的规定，"一省一平台"——即省级技术平台应为县级融媒体中心开展各项业务提供支撑，支持县级融媒体中心在内容、渠道、平台、管理、运营等方面的深入融合。因此，对于项城市融媒体中心来说，未来需要考虑如何能够更好地将 App 合二为一，这样既能够减轻内容生产压力，也更方便用户的使用，避免资源的分散和浪费。

其次，中心非在编人员较多，其工作的稳定性可能存在一定的隐患。他们当中业务能力突出的人员如何用好、如何留住？这是决定中心未来发展状况的关键问题。

此外，课题组认为，在自身体制机制较为完备的基础之上，项城市融媒体中心应继续调动本地资源，进一步开展具有地域特色的社会服务，真正做到"建强用好"。据介绍，中心下一步将着眼于服务社会特殊人群，如老年人。针对本地老年群体不善于使用智能手机获取信息的问题，将推出一个针对老年群体的广播频率，以老年人更易操作和理解的广播为主要形式，以健康、戏剧等老年人感兴趣的节目为主题，避免其在"信息高速公路"上掉队。除此之外，中心还计划利用现有大数据，开发"社区通"平台，发动邻里之间充当志愿者，互帮互助——比如社区里的老人行动不便，但需要出门取物，可以直接通过移动设备将信息反馈到平台上，向附近的志愿者寻求帮助。课题组认为，经由这些举措，项城市融媒体中心才能更好地实现"一融人民，二融资源"。

五 "融"入本地，打造"仁寿网上综合体"

——四川省仁寿县融媒体中心调研报告

受访者：汪俊灵（四川省仁寿县融媒体中心主任）

访谈人：石力月　柳　童　唐瑞雪　朱雅文　牟颖颖

执笔人：石力月　柳　童

访谈时间：2021 年 6 月

　　仁寿县隶属眉山市，是四川省内首批"扩权强县"试点县。该县位于成都、眉山、资阳、内江、自贡、乐山 6 市交界处，地处"成都半小时经济圈"，"县域面积 2716.86 平方公里，下辖 32 个乡镇（街道）、216 个村、147 个社区"①。截至 2020 年底，"仁寿全县户籍人口 154.04 万，常住人口 111.017 万，常住人口城镇化率 38.15%"②，是全省唯一常住人口超过百万的县。

　　借助本地资源优势，仁寿县当前重点发展"五大产业集群"，即电子信息产业集群、农副产品加工产业集群、新型建材产业集

---

　　① 《仁寿简介》，仁寿县人民政府网，http：//www.rs.gov.cn/info/1086/98577.htm，2021 年 3 月 10 日。

　　② 《仁寿简介》，仁寿县人民政府网，http：//www.rs.gov.cn/info/1086/98577.htm，2021 年 3 月 10 日。

群、机械及高端装备制造产业集群以及现代服务产业集群,将地区发展重点放在构筑现代产业体系之上,改变了过去以农业为主的传统发展局面。"2020年,仁寿县地区生产总值达到457.4亿元,同比增长4.4%;地方一般公共预算收入37亿元,同比增长18.5%"①,主要经济指标达到预期目标,并被评为全省县域经济发展进步县,进入全省首批培育"全国百强县(区)"初选名单。

在经济高质量发展的同时,仁寿县也很注重本地软实力的提升。一方面,重视提升办事效率、优化营商环境,建立了县级领导联系重点项目、重点企业工作制度,同时深化放管服改革,全面实行"红色代办"等服务;另一方面,重视保障和改善民生工作,每年将政府新增财力的80%以上用于民生工程,扩大基本公共服务覆盖范围,稳步推进县域社会治理现代化试点工作。

一 融媒体中心建设基本概况

仁寿县媒体融合进程始于2017年4月,当时由县委宣传部牵头,县委组织部、财政局、国资局、工商局、文广新局、电视台、报社等相关部门参与组建了媒体融合领导小组,以"抢占全媒体舆论场,推进基层精细化治理"为方向启动媒体融合改革,随后于同年9月形成了"两台两微一网一端"的全媒体矩阵。"两台"即仁寿人民广播电台(调频FM90.1)、仁寿电视台(综合频道),"两微"即微信公众号"仁寿头条"、微博"仁寿视讯","一网"即"今日仁寿"网站,"一端"即"视听仁寿"App。据资料显示,最初融合时,"仁寿县电视台开办有电视节目《仁寿新闻》

---

① 《仁寿简介》,仁寿县人民政府网,http://www.rs.gov.cn/info/1086/98577.htm,2021年3月10日。

《仁寿党建》《仁寿教育》《美丽仁寿》《法治仁寿》《警方视角》等栏目，覆盖电视用户 7 万余户；仁寿县人民广播电台开办了 8 档自办节目，每天开办直播节目 8 小时，另转播和引进节目 10 小时，覆盖仁寿及周边区县听众 300 万人以上"①，电视台与广播电台均具有较强的影响力和传播力。

图 1　仁寿县融媒体中心

2018 年 9 月，仁寿县融媒体中心挂牌成立，融合了原分属宣传部、广播电视台、报社 3 个单位的 11 个媒体平台，并对各内容发布平台进行了调整与改革。2019 年 2 月，仁寿县进行了全县范围内的机构改革，融媒体中心被确定为县委直属的正科级事业单位，由县委宣传部代管。中心下设办公室、党建办公室、总编室、新闻部、服务部、经营部、技术部、人力财务部 8 个部门机构（如图 2）。截至 2020 年，中心员工总数共计 149 人，其中在编员

---

① 《县广播电视台》，仁寿县人民政府网，http://www.rs.gov.cn/info/1187/53036.htm，2018 年 7 月 26 日。

工 56 人，聘用员工 38 人，公益性岗位 3 人，离岗待退 16 人，退休员工 36 人①。

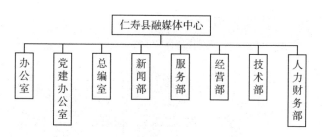

图 2　仁寿县融媒体中心组织架构图

二　平台搭建与流程再造

仁寿县融媒体中心自成立以来，通过不断调整平台建设目标，再造内容生产、发布流程，逐步满足"移动优先"的发展需求。从单纯将县级媒体整合到一个平台，到打造出"网上综合体"，仁寿县融媒体中心不仅得益于相关技术力量的支持，也得益于平台内容生产力的不断提升。

（一）自建融媒体平台，打造"网上综合体"

在整合原有县级媒体的过程中，仁寿县融媒体中心对以下两方面进行了较大的改革，一是将所有县级媒体资源集中到线上，停办了报纸——《眉山日报》仁寿版；二是停用了原先由广播电视台进行管理、用于发布视频和图文的"视听仁寿"App，同时重新根据县级融媒体中心建设要求开发了"大美仁寿"App。从而最终形成了以"大美仁寿"App 为核心，仁寿县广播电台、电

---

① 数据来源：《融媒体中心》，仁寿县人民政府网，http://www.rs.gov.cn/info/4361/97141.htm，2020 年 6 月 8 日。

视台、"今日仁寿"网站、"仁寿视讯"微博、"仁寿头条"微信公众号共6个媒体平台组成的全新媒体矩阵。

图3　仁寿县融媒体中心指挥大厅

据介绍，早在2017年，四川省委宣传部就有了关于部署县级媒体融合工作的初步想法，并要求各县对符合本地区发展情况的媒体融合方向进行探索。2018年以来，随着全国县级融媒体中心建设的不断推进，按照《县级融媒体中心省级技术平台规范要求》和《县级融媒体中心建设规范》中"一省一平台"的要求，四川省广播电视台与四川电信、华为公司于2019年共同开发出了省级统一技术平台——"熊猫云"，能够从内容分发、平台管控、公共服务等方面提供技术支持，专门服务于县级融媒体中心。课题组认为，省级媒体与本地电信、商业技术公司合作搭建统一技术平台，对于县级融媒体中心而言，在国内看颇具创新且意义深远。一方面，电信公司能够利用通信传输网络方面的优势，有效对接各类服务平台；另一方面，商业技术公司的加入，能够提升县级融媒体中心在攻克技术难关方面的能力，同时能为云计算、AI、超高清等新技术在县级媒体融合发展实践中的运用创造条件。但三方共建的形式，无疑对数据、资源对接等方面提出了更高的要求，可能也会增加人力、物力等方面的成本。

目前仁寿县融媒体中心已积极与"熊猫云"进行对接，共同优化平台建设。"大美仁寿"App版块设置较为灵活，首页共有30余个频道可供用户根据使用习惯及喜好进行自定义排序，部分频道也在网站、微博、微信公众号中进行了同步设置，平台壁垒并不明显。它不仅是一个融媒体内容发布平台，更是全县唯一的综合信息枢纽，是集公共服务、办事功能于一体的"网上综合体"。截至调研之日，"大美仁寿"App下载用户量已超过81万，基本实现了全县智能手机用户的全覆盖，平均日活跃用户数量达到8万。同时，仁寿县融媒体中心还探索开发了"大美仁寿"App的TV版、PC版，并在本地布局新型融媒体产品"融e屏"，确保了民众能够通过多个端口使用"大美仁寿"App，在保证第一时间获取到本县新闻的同时，满足不同场景下的服务需求。

（二）再造融媒业务流程，实现内容生产的全民参与

在"中央厨房"的生产模式下，仁寿县融媒体中心实现了新闻的统一采编、统一审核、统一推送，并依托"融媒体大脑智能系统平台"的技术支持，实现了24小时内容在线播发及与用户的实时互动。在此基础上，中心还采取了"1+N+N+N"的新闻播发模式，即针对1个新闻事件，需要播发"1条电视新闻+N条App图文快讯+N条评论+N条广播新闻"，以对应"一次采集、多种生成、多元传播"的融合发展要求。

此外，中心还通过"大美仁寿"App中的"仁寿号"功能实现了内容生产的全民参与——全县各级单位、个人通过注册"仁寿号"，便可以在App内的"爆料""问答""发布""聚聚"等

版块直接发布内容。截至调研之日，已有 503 家县内官方组织和 2596 个自媒体用户入驻"仁寿号"，基本囊括了全县企事业单位。一定的入驻规模提升了平台的参与度与实用性，也为中心提供了更多新闻线索与热点话题，使得 App 内的原创新闻内容从原来的每日 8 条左右增加到了 200 余条。课题组认为，全民参与的内容生产模式不仅激活了整个平台的内容生产活力，也能够更好地发挥媒体的联动功能，一定程度上消除了各部门的行政壁垒，从而尽可能地实现不同主体在基层社会治理中的协同，达到共享、共治的目标。

三　体制机制改革与创新

仁寿县融媒体中心实行事业单位企业化运作，坚持采编与经营分离的制度，在对体制机制改革与提升自身"造血"功能的不断探索中，逐步打破了员工身份界限，实现了编制内外员工"同岗同酬、多劳多得"。

（一）自上而下深化机制改革，优化组织架构

县级融媒体中心的体制机制改革离不开顶层设计。汪俊灵认为，仁寿县的主要领导（即县委书记、县长）和主管领导（即县委宣传部部长、融媒体中心主任）的鼎力支持及统筹规划对于融媒体中心的体制机制改革至关重要。只有他们共同推进，才有可能消除一些结构性的问题，从而推动实质性的变革——仁寿县把融媒体中心建设列为县委深化改革的重点事项，其内部机构设立纳入了全县机构改革计划并优先进行。

在上述倾斜性支持的基础上，中心还在广播电视台原有组织架构的基础上新增了服务部与经营部。值得一提的是，机构改革后专设的服务部除需协调中心各部门工作外，还要负责"智慧政

务""智慧城乡""智慧治理"等项目的对接工作，组织协调县级融媒体研究院、新媒体联盟、控股自媒体的相关事项。课题组认为，专设服务部能够更好地发挥县级融媒体中心协调基层各职能部门和其他社会组织的作用，为基层社会治理现代化提供可靠平台。

（二）增强自身"造血"功能，激活内生动力

据介绍，早在 2017 年 12 月，仁寿县政府常务会便已讨论通过本县融媒体中心可组建经营性企业的决议，在政府财政拨款之外，能将自主经营收入用于编外员工的薪酬发放以及中心员工的奖励等。在相关政策的支持下，仁寿县融媒体中心于 2018 年 5 月组建了国有独资公司——四川龙悦文化传媒有限公司，主要承接广告宣传方面的业务，开展市场化经营。在技术需求缺口较大的情况下，中心又与第三方技术公司合股成立了全新的技术公司，以更好地参与到本地"智慧城市"的建设中，并且在一定程度上化解平台升级、运维等技术方面的资金难题。

借助上述举措，中心有了充足的人力、物力及技术能力，并能与各委办局顺利展开合作——先后共同举办了如"最美教师""最美医生""最美劳动者"等评选活动，《我和我的祖国》演唱会、广场舞大赛等线上活动，通过提供投票、直播等渠道资源，增进与不同部门间的联系，为进一步盘活县内资源、实现社会服务的深度合作创造条件。与此同时，部分大型线下活动中也出现了县级融媒体中心的身影。2019 年初，仁寿县融媒体中心以项目策划、直播技术支持等方式参与了"农民春晚"、天府仁寿大道通车仪式、"仁寿半马"等活动，提升了相关活动的经济与社会效益。线上线下活动的蓬勃开展为融媒体中心带来的创收效益明显，2019 年的营业收入达到了 2018 年的 6 倍。

课题组认为，仁寿县融媒体中心在经营模式方面，已从传统

图4 仁寿县融媒体中心参与制作的农民新春联欢会

媒体依靠广告业务和承接各委办局活动获得收入的模式，转向了线上线下互动、产业活动、技术增值服务等多元模式，这样的经营思路不仅在资金方面能为中心发展提供一定的保障，也能为中心与县内各单位的深入合作创造有利条件。

四 社会服务与社会治理

在完成了中心内部生产流程、体制机制的改革后，仁寿县融媒体中心借助平台优势，开始探索基层社会服务的有效供给以及助力基层社会治理的路径。

（一）以本地化服务为导向，满足基层社会服务需求

在基础服务方面，"大美仁寿"App平台开通有申报审批、注册办证、社保办理等一站式政务服务和水、电、气、医、行、旅等生活信息服务，它们主要通过App跳转到各部门平台实现操作。据介绍，目前"教育缴费"功能以中心平台为唯一入口，即

全县中小学生的学费缴纳都需通过"大美仁寿"App完成。汪俊灵表示未来希望与县纪委、组织部、教育局、卫健委、公安局等部门继续深度合作，共同开发能够在App上直接提供服务的项目，为本县数字化发展增强动力。

此外，推出符合本地发展特点的服务功能，也是县级融媒体中心需要探索的重点。仁寿县常年在外务工的农民工有40余万，为保障农民工们外出务工的有序性以及留守老人、儿童的妥善安置，县里专门成立了农民工服务中心，而县级融媒体中心则在"大美仁寿"App内为农民工服务中心设置了"农民工之家"功能版块，包含"找老乡""找组织""求帮助"等功能。"找老乡"中以"仁寿人在××（地名）"为版块名划分地区，为分散于全国各地的农民工们提供了同老乡互动交流的平台，同时农民工服务中心人员也加入了其中，以便及时了解大家的想法和需求，并尽可能地优化相关功能。"找组织"中设有"找支部""找工作""办事指南""返乡创业""问社保""要维权"等中心能为在外农民工办的相关事项。课题组认为，针对农民工的需求开发相应服务是仁寿县融媒体中心找准本地特点、将突出需求与自身供给能力做了很好的对接，从而既走出了一条与其他平台内容差异化的路径，又提升了广大用户对App使用的黏性，进一步将引导群众、服务群众的目标原则统一了起来。

（二）打通信息反馈渠道，将问题解决在基层

为实现基层精细化治理，仁寿县融媒体中心通过搭建"爆料"平台、组织新媒体联盟，将信息反馈渠道进行了充分整合，并协调相关部门在处理完问题之后，将情况发布在"仁寿号"中，及时告知民众。

一方面，针对本地自媒体平台过去存在的"乱爆料、乱评论、乱发动"现象，仁寿县融媒体中心打通了所有新媒体平台爆

图5　仁寿县融媒体中心记者农村采访场景

料通道，搭建了统一的"有奖爆料"平台，通过发放奖励的方式，吸引全县群众表达真实诉求、参与到社会治理当中。与此同时，针对群众投诉，按照"一交二巡三曝光"的模式进行督办，即由中心汇总信息并进行分类，再交由12345政务服务平台、县级行政审批局、党政服务中心等平台进行执行处理，最后再将相关的图文信息及处置方法通过"大美仁寿"App呈现，有力地推动了问题的解决。据介绍，一些部门起初担心这样的"曝光"会带来一些负面影响，后来发现通过平台监督能促进问题的快速解决，实则提升了部门工作效率，于是便有了越来越多的部门加入到与融媒体中心的合作当中，形成了问题处置的良性循环圈。"有奖爆料"平台自2017年6月开办，截至调研之日，其已收到爆料5万余件，回复处置率100％，

　　另一方面，仁寿县融媒体中心主导成立了由全县知名自媒体和部分政务新媒体组成的"仁寿新媒体联盟"。由融媒体中心牵头，提升全县媒体行业自律、充分进行业务交流，与此同时，也

能在重大事件报道中以自媒体及时预警、中心核实通报的模式发挥各自优势，建立有序的信息发布及反馈渠道。在此基础上，县级融媒体中心平台能够成为基层社情民意的重要集散地，把涉及群众利益的重要改革方案、重大政策措施、重点工程项目等通过各个平台征求意见，将问题解决在基层。

课题组认为，这个信息反馈的渠道能否打通，关键取决于与各委办局的合作是否顺利。若融媒体中心只是单向度地向他们索取资源，往往难以打开合作局面，只有从"双赢"的角度出发设计方案，才可能达成理想的合作。

(三) 三级融媒共建，实现资源互通

课题组在调研中发现，四川省级媒体与市、县级媒体进行了深度合作，这种合作不仅是自上而下的服务供给，更能够实现纵向服务通道的打通，从而使得资源三级互通。

一方面，如前文所述，四川省广播电视台联合四川电信、华为公司为县级融媒体中心提供了技术方面的支持，集合了省、市、县三级技术资源，为平台的稳定运行提供了保障；另一方面，四川日报报业集团也在提供额外的"打包服务"，为基层媒体赋能。四川日报报业集团与阿里巴巴达摩院、百度等多个商业平台开展战略合作，推出了"四川云21183＋N"项目，为全省21个市州和183个县区提供服务。疫情期间，该项目为省内各市、县融媒体中心提供了"疫情热搜""疫情求助""云教育""云医院""云维权""云旅游"等12项服务，并利用AI等技术手段，实现了线上需求的24小时随时响应；防疫工作常态化之后，在省委宣传部的指导下，该项目还组织各融媒体中心共同举办了多次线上活动，从"宅家"作品征集到助农直播。课题组认为，三级媒体平台共建局面的打开，不仅将服务资源精准下沉到了基层，也在内容生产方面为县级融媒体中心增添了鲜活素材，利用省级媒体的传播力与影响力回应了基层社会的传播需求，从而进一步通过解决实际问题，实现基层社会服务的有效供给。

五　存在的问题与未来展望

仁寿县融媒体中心自成立以来，逐步对机构、人事、财政、薪酬等方面进行了改革，亮点颇多，但课题组认为，仍有以下三方面存在改进的空间：

首先，中心在社会服务方面的思路还需优化，例如可以将"有奖爆料"平台的"奖励"与社会服务的提供进行整合——除了奖励现金，可以尝试将奖励形式多样化，尤其是与社会服务相结合。例如：可奖励社区文化活动的参与权限，提供体育活动场地的使用权限等，由此，既能够鼓励民众参与基层社会治理的积极性，又能够盘活资源使其享受到优质的社会服务，两全其美。

其次，中心未来希望通过"融媒并联一端全通"的理念，使县级融媒体中心 App 成为一个新兴外宣平台，理念颇具新意，但实践还需谨慎。"大美仁寿"App 中设置了"城市切换"入口，可以实现多地客户端页面的自由切换。虽然该功能能够实现内容、广告、粉丝等平台资源的共享，但由于用户可以轻易跨地区平台发布信息、参与活动，也为单个平台的信息维护带来了一定的困难。因此，课题组认为，可以建立基本的验证机制，在不影响用户跨地区浏览信息的同时，对内容发布权限作出一定的规定，从而既不干扰各地区平台的内部管理，又能够保护平台数据安全。

最后，作为本地"智慧城市"建设的参与者，仁寿县融媒体中心还应当继续深入探索县域数字化建设，利用"大美仁寿"网上综合体进一步激活群众参与，利用反馈的信息及相关数据的收集切实提升平台社会服务能力，搭建起基层社会治理的良性循环空间。

六　建好区级媒体矩阵，用活市级平台资源

——重庆市渝中区融媒体中心调研报告

受访者： 丁政义（重庆市渝中区融媒体中心主任、总编辑）

访谈人： 石力月　牟颖颖　柳　童　唐瑞雪　朱雅文

执笔人： 石力月　牟颖颖

访谈时间： 2021 年 6 月

渝中区是重庆市行政、文化和商贸中心，地理位置优越，地处长江、嘉陵江交汇处，全区水陆域面积 23.24 平方公里，其中陆地面积 20.08 平方公里。渝中区辖区 11 个街道办事处、79 个社区居委会、1 个社区工作站，全区常住人口 58.8 万人，户籍人口 50.4 万人。[①]

渝中区以巴渝文化、抗战文化、红岩精神打底，依托山城、江城、不夜城等丰富的旅游资源，以及老城区与新市区的双重特性，打造特色文旅产品，成为国家全域旅游示范区、国家文化和旅游消费示范城市。2020 年全年渝中区地区生产总值（GDP）

---

① 《区情简介》，重庆市渝中区人民政府，http://www.cqyz.gov.cn/zjyz/qqjj/202104/t20210408_9093529.html。

1358.5 亿元，一般公共预算收入增长 5.2%，城镇居民人均可支配收入增长 6.3%，地均 GDP 产出位列全市第一。① 其中，金融和商贸是支撑渝中高质量发展的"压舱石"、八大服务业集聚区构成了渝中创新发展的关键版图。

渝中区作为重庆市唯一完全城市化的地区，在社会治理与公共服务现代化方面的建设表现突出。第一，它作为"全国首批市域社会治理现代化试点区"，连续六届被授予"全国双拥模范城"，先后被命名为首批全国法治政府建设示范区、首家重庆服务业高质量发展示范区；第二，它作为"国家服务业综合改革试点区"，现代金融、高端商贸、专业服务等现代服务产业的飞速发展弥补了发展空间不足的瓶颈；第三，它作为"全国首批公共文化服务体系示范区"，为提升民生投入力度，创设的公共文化服务基础设施质量高、覆盖广，实现"城镇新增就业 5.7 万人，养老保险、医疗保险参保率超过 96%，解放碑沧白路社区建成全市首个地标性国际化养老服务中心，社区居家养老服务设施实现全覆盖。"② 第四，它作为"全国和谐社区建设示范城区"，落实"街道吹哨、部门报到"机制，优化调整社区设置，推行全域网格化管理服务，建成一体化、多功能网格 960 个，社区服务水平明显提升。③ 第五，它作为"全国科技进步示范城区"，有着数字产业发展的突出技术优势与智能化建设基础，深耕数字文化、智慧旅游、数字金融、智慧医疗、专业服务等智能产业。区块链、大数据应用、数字内容、软件服务、工业互联网、集成电路设计

---

① 《区情简介》，重庆市渝中区人民政府，http://www.cqyz.gov.cn/zjyz/qqjj/202104/t20210408_9093529.html。

② 《人民生活》，重庆市渝中区人民政府，http://www.cqyz.gov.cn/zjyz/rmsh/202104/t20210408_9093511.html，2020 年 10 月 10 日。

③ 《人民生活》，重庆市渝中区人民政府，http://www.cqyz.gov.cn/zjyz/rmsh/202104/t20210408_9093511.html，2020 年 10 月 10 日。

六大数字产业，已成为渝中区赋能发展的全新路径。

一 融媒体中心建设基本概况

据介绍，渝中区媒体融合工作启动于 2017 年 3 月。2018 年 5 月，中心业务用房建成，"中央厨房"指挥中心、高清演播室、数字编辑机房等全面投入使用。2018 年 5 月成立了全市区县媒体单位首个全媒体采访部，以此为核心整合了采编力量，实现"中央厨房"统一调度，"一次采集、多次生成、多元传播"的高效业务联动模式。2019 年 5 月，渝中区媒体平台全面启动首次改版工作，并于当年完成改版上线。

2019 年 11 月 7 日，渝中区融媒体中心正式成立。2019 年 11 月 14 日，顺利通过市级初步验收，成为全市第二家、主城九区第一家通过初步验收的区县融媒体中心。2020 年 3 月 20 日，融媒体中心正式挂牌①。2020 年 7 月 13 日，中心获得"全市首批互联网新闻信息服务许可证"。同年 10 月 30 日，融媒体中心接受市委宣传部的验收，成为首批通过市级验收的 15 家区县融媒体中心之一。短短两年里，渝中区融媒体中心先后获得了多项荣誉：2019 年获评年度重庆市报业融合创新先进单位，《渝中手机报》荣获"2020 年手机报优秀策划奖"，《渝中报》推出的跨版"灾后重建 众志成城"获评 2020 年度区县报"十佳版面"，《渝中报》被评为 2020 年度重庆市优秀区县报。中心主任、总编辑丁政义被评为重庆市十佳新闻工作者，数名员工被重庆市委、市政府表彰为疫情防控先进个人，媒体融合、内容生产等工作先后得到各级

---

① 《今天，渝中区融媒体中心挂牌啦!》，澎湃新闻，https://m.thepaper.cn/baijia-hao_6611501，2020 年 3 月 20 日。

肯定性批示 10 余次。

图 1　渝中区融媒体指挥中心

围绕各个媒体平台的采编任务以及"一次采集、多种生成"的融合生产总要求，渝中区融媒体中心实行采编分离，并将采访部融合为一，以分发平台的性质划分编辑部，现设有"一室五部"，即综合部、总编室、全媒体采访部、新媒体编辑部、渝中报编辑部和电视编辑部。渝中区融媒体中心是区委直属的正处级财政全额拨款公益二类事业单位，没有建立经营性部门和公司，但可以根据市区级情况开展创收工作，用于弥补财政经费不足。

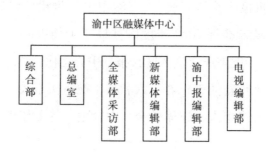

图 2　渝中区融媒体中心组织架构图

二 平台搭建与流程再造

（一）打造集聚本区社会资源的区级媒体矩阵

2018 年 10 月 26 日，在全区宣传思想工作会上，渝中区区级融媒体平台正式改版上线。新改版的平台以融媒体中心为统领，形成"1（1 个区级综合平台）+10（10 个区级媒体平台）+N（N 个区域内社会单位平台资源）"的区级媒体矩阵。

以"重庆渝中"App（原名为"在渝中"App）为核心，"渝中报""渝中新闻网""微渝中"微信公众号、"重庆渝中"政务微博、"重庆渝中"政务抖音号、"渝中区融媒体中心"微信视频号""渝中手机报""渝中手机台""渝中区政府网""全域重庆–

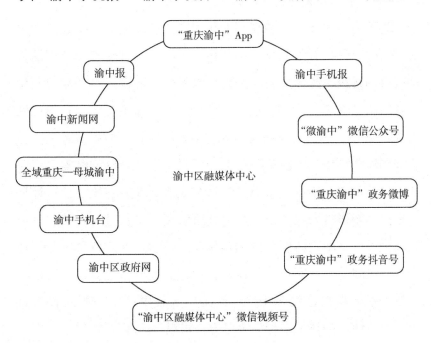

图 3 渝中区融媒体中心全媒体传播矩阵图

母城渝中"10 个区级媒体平台为依托，形成多个区级部门、社会单位资源集聚的全媒体矩阵平台。

数据显示，截至 2021 年 12 月，《渝中报》发行量为 2.5 万份，"重庆渝中"App 装机注册人数突破 35 万，相较 2020 年同比增长 45.8%；"微渝中"微信公众号粉丝突破 12 万，相较 2020 年同比增长近 300%；"渝中手机台"阅读量累计已突破 4000 万人次，"重庆渝中"政务抖音号粉丝量已突破 4.8 万。渝中手机台平台阅读量达 3800 万次，相较 2019 年底同比增长 36.4%；渝中手机报用户量达 10 万人次；"重庆渝中"政务微博粉丝量达 2.6 万，相较 2019 年底同比增长 23.8%；渝中区级媒体矩阵覆盖人群已达 50 万 +。

(二)第三方公司提供技术平台，采编实现融合

2019 年 4 月 1 日，重庆报业集团和重庆广电集团组建成立重庆广大融媒科技有限公司。该公司由市委宣传部直管，负责推进重庆市的县级融媒体中心和市级技术平台的建设——"充分利用广电的'两江云'和报业的'上游云'所提供的计算、存储和网络等资源"[1]，进而"向各县级融媒体中心提供大数据服务、宣传管理和通联协作三大服务"。[2] 当时，重庆市计划以广电集团"两江云"为基础，对接全重庆 40 个区县融媒体中心的建设；计划采用专用网络将融媒体中心后台和市级技术平台进行对接，进而实现全市区县融媒体中心的内容生产、技术、推广效果与市级技术平台之间的互联互通。不过据介绍，截至调研之日，重庆市统一技术平台尚在建设当中，因此渝中区融媒体中心暂时没有接入，目前使用的技术平台为第三方公司提供。

---

① 尹华煌：《重庆市县级融媒体中心建设实践》，《影视制作》2020 年第 8 期。
② 尹华煌：《重庆市县级融媒体中心建设实践》，《影视制作》2020 年第 8 期。

渝中区融媒体中心成立前，已通过整合区内媒体资源，建成了区新闻信息中心。早在2018年初，第三方公司北京中科大洋科技发展股份有限公司（简称"中科大洋"）就已承担了渝中区新闻信息中心的建设任务。5月，"中央厨房"指挥中心建成投用，引入中科大洋打造的Fast快融全媒体采编平台，"通过线索汇聚、指挥调度、全媒体稿件、数据可视化等应用模块，提供一站式的媒体融合工作环境。"① 这一平台支持微信、微博、抖音、网页、App、电视、广播、报纸的编辑分发，并针对每种媒体渠道发布特点提供对应编辑界面，并可扩展AI辅助功能：智能推荐、原创分析、智能校对、语音识别、图像识别等。② 此外，与这一平台配套的"蜂鸟采编"App也被引入到中心记者工作中，外出采编时只需手机下载App，就可以实现移动生产、移动审核、移动发布。

为了有效推动流程优化再造，"中心建立了每日一次编前会、每周一次编委会、每月一次策划会、每季一次评优会，每日质量考核公示等工作机制，做到了采前有策划、采中有监督、采后有评估、效果有反馈，形成了媒体融合采编工作的闭环运行模式。"③

（三）与各类市级平台合作，内容共创与技术协作

渝中区融媒体中心成立以后与各类市级平台之间保持着良好的业务合作与资源共享关系，其主要合作形式为内容共创。除了与重庆日报和重庆广播电视集团总台这两个市级主流媒体平台进行内容共创外，渝中区融媒体中心还与其他两个市级平台——重

---

① 《Fast快融全媒体采编平台，助您拥有更加便捷高效的移动办公体验》，微信公众号"中科大洋"，https：//www.sohu.com/a/388585069_310732，2020年4月16日。

② 《Fast快融全媒体采编平台，助您拥有更加便捷高效的移动办公体验》，微信公众号"中科大洋"，https：//www.sohu.com/a/388585069_310732，2020年4月16日。

③ 《今天，渝中区融媒体中心挂牌啦！》，澎湃新闻，https：//m.thepaper.cn/baijiahao_6611501，2020年3月20日。

庆网络广播电视台和"新重庆"App——针对融媒体部分平台开展内容共创与部分技术协作。

具体来看，重庆网络广播电视联盟是依托重庆网络广播电视台成立的，负责重庆各个区县手机台的技术架构。首先，作为渝中区融媒体中心的重要平台之一，"渝中手机台"整个技术架构由重庆网络广播电视联盟负责，融媒体中心则负责手机台的日常内容维护。手机台率先整合了区内媒体资源，市民不仅能够通过手机台看到最新的《渝中新闻》《渝中报》消息，还能使用交通违章查询、酒店订阅等生活服务。

其次，华龙网——重庆日报报业集团媒体融合发展的战略转型平台——重点打造"新重庆"App作为全市宣传大数据云平台，提供部分便民服务与网络问政功能，渝中区融媒体中心与这一市级平台进行部分资源共享。此外，华龙网先前已在各个区县建有政务App，作为每个区县的主流新闻舆论平台，现在渝中区的政务App也在向服务功能、电商功能等方向拓展，所以渝中区融媒体中心服务商务的空间在某种程度上缩小了。

不过，在平台搭建与流程再造上，首先，渝中区融媒体中心首先通过第三方公司搭建技术平台，对广播、电视、报纸、手机报、网站、微信等平台的新闻媒体资源进行整合，实现资源共享，不仅降低了维护成本，同时能够提升整体工作效率，实现多媒体生产矩阵化、传播渠道平台化。其次，渝中区本身新闻生产能力较强，与省市级媒体之间有着良好的内容共创、技术支持的合作基础，在中心建成前早已打通了向市级媒体发稿的渠道，构建起多平台立体传播、多形式融合发展的现代传播体系。

但目前重庆市统一技术平台与渝中区融媒体中心之间未完成对接，未来如何用好市级统一技术平台，并在技术与数据上进一步打通共享，或将成为渝中区融媒体中心流程再造的重点工作之一。

三 体制机制改革与创新

（一）实行采编分离制度，培养全媒体记者

2017年8月，渝中区融媒体中心成立全市第一个全媒体采访部，作为"中央厨房"式的指挥系统，实现电视和报纸之间资源信息共享。随着内部机构的调整，中心将原分属电视台、报社的媒体人员整合到全媒体采访部，以培养"拿起笔能写，扛起机器能拍，拿起话筒能说"的全媒体记者。

目前，渝中区融媒体中心在岗干部职工67人，其中，在编职工27人，聘用职工40人；中共党员21人；本科及以上学历53人；平均年龄为37岁；一线采编人员45人，后勤服务岗位10人。然而，在目前的记者队伍中，真正具备全媒体记者素质的不多，因此，业务能力的培训与提高迫在眉睫。有资料显示："重庆大学、西南大学、重庆交通大学、重庆师范大学等高校正在与重庆市广播电视学会、重庆区县融媒体中心开展合作，共同研究融媒体人才培养及相关课题。重庆市高校影视专委会于2016年成立以来，通过每年一次的年会形式，加强了重庆市高校教师与重庆市新闻传播单位的从业人员之间的互动交流，为重庆市高校融媒体教育和融媒体人才培养带来了新的契机，同时也为县级融媒体发展建设提供了智力支持。"[①]

（二）薪酬体系与激励体系并行改革

鉴于近年来媒体整体生态与人才需求导向都发生了很大的变化，渝中区融媒体中心于2020年对绩效考核管理机制进行了相应

---

① 李红秀：《重庆市高校融媒体人才培养的问题与对策》，《新闻论坛》2019年第6期。

的调整，启动了薪酬体系与激励体系的并行改革。

首先，针对稿件采编分发量进行激励。在绩效考核机制调整前，电视主平台或报纸主平台的记者参与跨媒体内容生产不计稿费。2020 年改革后，各平台主动抓取稿件，被采用刊发的跨平台采编稿件分别单独计算分值，并对应稿费发放。其次，针对稿件本身的质量进行考评和激励。中心把对一线采编人员和后勤管理岗位综合部门的考评与激励区分开。在基础任务分上，针对一线采编人员完成优秀采编工作与优质稿件进行系数评定，并坚持开展季度好稿评选工会岗位劳动竞赛活动，一方面鼓励业务部门和人员多出好稿，另一方面为年度各类创优积蓄选题，在"量质并举"上发挥导向引领作用。2021 年 11 月 8 日，中心在全市率先成立以个人名字命名的创新工作室，即"汤海娲平面设计创新工作室""袁侨偲深度报道创新工作室""王欢影像故事创新工作室"，一方面通过每年给予专项创作经费扶持，为优质内容生产提供保障和支撑；另一方面通过采用召集人牵头工作室成员联动的模式，整体提升采编业务队伍的融合创新工作能力。结合优秀专业人才的引进，中心还在积极谋划专门办法，同时还将结合中心市级制定首席管理制度，在政治待遇和收入待遇方面进行激励，切实把优秀骨干业务人员的积极性、主动性激发出来、调动起来。

四　社会服务与社会治理

（一）提供"媒体＋"本地综合信息，服务本区社会生活

尽管腾讯、微信、抖音、今日头条等商业化平台已通过设置"本地"版块实现了本地化传播，但它们与县级融媒体中心平台所进行的本地化传播有所不同。县级融媒体中心以社会效益而不

是商业盈利为核心目标，因而能够尽可能地呈现地方社会的主体性。此外，区别于人民网、新华网等国家级媒体平台，以及本地华龙网、重庆电视台等市级媒体，县级融媒体中心的内容生产主要是围绕本地展开的。

据介绍，渝中区居民最初更多地使用商业化平台获取信息，因此，区内各委办局在这些平台上开设官方账号以扩大自身传播力和影响力。融媒体中心成立后，融合多种传播手段，搭建自主传播平台，对区各委办局的重要工作主动收集、报道，并将报道反馈给各委办局领导，不仅促进各类问题的解决，而且提升了融媒体中心在区内各委办局中的知名度与影响力，为中心与区内各委办局进一步协同工作打开局面。

2019年，渝中区融媒体中心以区内各委办局为对象策划电视访谈节目。当时融媒体中心尚在起步阶段，区内对其工作的认识和了解有限，因而本次访谈涉及的18个部门负责人并非全部高度配合中心工作。但中心把握住首批自主参与的领导，以视频短片、宣传海报等形式在各级平台进圈入群、广泛推广，最终产生了一炮而红的传播效果。其余尚在观望的部门负责人也因此更加主动地参与到了访谈中。这为后来中心与各委办局的合作打开了局面，到了2021年已有很多委办局主动提出与中心合作。

此外，由于渝中区融媒体中心人手与经费有限，以及受到体制限制与其他公司合作的可能性不大，因此，中心面对区内各委办局积极寻求合作的态势，选择不盲目扩张，在有限的精力下先做好基本的服务工作。

（二）创新发布文旅内容，打造地方名片

作为重庆"母城"，渝中区内有大量文旅资源可供开发使用。基于这一特点，位于重庆市主城核心的渝中区融媒体中心形成了独特的融合发展之路。渝中区融媒体中心充分利用区内文旅景点的知名度与可视觉化潜力，通过系列慢直播、短视频、Vlog 等多种形式发布融媒体作品，不断创新产品形态，充分体现了移动传播、融合传播的优势。

2018 年以来，渝中区融媒体中心策划实施了一大批深受广大网友喜爱的网络直播活动，其中"打探热门景点"系列中的"轻轨穿楼"达到了上百万的观看量。针对渝中区域特色设计的 IP 形象"胖渝""一只渝"，应用到融媒体各个产品当中，得到了广大

图 4　渝中区融媒体中心 IP 形象"胖渝"和"一只渝"

网友的认同。① 2021 年 3 月 14 日、21 日重庆日报联合融媒体中心连续推出直播"山城巷——走进老重庆的烟火梦境"，全平台播放量 32 万余次，展现了文创、美食、艺术等新业态与传统文化新旧交织。②

课题组认为，渝中区融媒体中心立足本区提供"媒体 +"综合性信息，一方面密切联系基层群众，形成良好的群众基础；另一方面与文旅局合作紧密，才使得中心生产的文旅内容收到了很好的传播效果。而良好的传播效果也将进一步推动融媒体中心与各委办局进一步加强合作，探索更多更好的合作形式与合作机制。

（三）借势发力，接入市级"渝快办"打造智慧化综合服务平台

2016 年 3 月，国务院《政府工作报告》首次提出大力推进"互联网 + 政务服务"，标志着"互联网 + 政务服务"正式纳入国家战略。按照国家统一部署，2018 年重庆市依托全市一体化在线政务服务平台，推出"渝快办"App，推动政务服务向移动端延伸，目前已基本实现国家、市、区县、乡镇（街道）、村（社区）五级网络通、数据通、业务通，推进整个重庆运行"一网统管"，推进政务服务"一网通办"。③ 重庆市在市级层面已经形成覆盖较广的服务基础，为了补足中心建设任务中"服务"一项的短板，"重庆渝中"App 直接接入"渝快办"的部分功能，社保服务、公积金、民政服务、不动产四大服务功能可直接在"重庆渝中"App 上进行查询办理，整体服务流程更加便捷。

---

① 《今天，渝中区融媒体中心挂牌啦!》，澎湃新闻，https：//www. thepaper. cn/newsDetail_ forward_ 6611501，2020 年 3 月 20 日。

② 《回看! 这两场直播有看头》，微渝中微信公众号，https：//mp. weixin. qq. com/s/8oDnXsq1C_ iuj9C9U6U1RA，2021 年 3 月 22 日。

③ 《「2020·指尖城市」渝快办：企业群众愉快办事，助力优化营商环境》，中国青年网，https：//baijiahao. baidu. com/s? id = 1681360497606204278&wfr = spider&for = pc，2020 年 10 月 24 日。

总结而言，"重庆渝中"App 中社会服务与社会治理的具体开展方式有三种形式。其一，由于"渝快办"提供的服务功能已臻完善，渝中区融媒体中心直接接入"渝快办"中部分功能，但本质上只是"渝快办"这一平台的入口。其二，除接入"渝快办"外，"重庆渝中"App 还接入了"大众点评"等商业平台，并跳转商业平台进行后续操作。其三，"重庆渝中"App 还设置了"爆料"版块，供民众发布问政内容。

中共中央办公厅 2020 年发布 33 号文传达至各个省市，重庆市委宣传部主导，市级部门联合拟定出台实施办法对其进行贯彻落实，据介绍，该实施办法将在智慧城市打造、重庆区县级融媒体中心建设中具体体现，渝中区计划未来将把市区的更多资源向"重庆渝中"App 倾斜转移，为融媒体中心做大做强注入更大的能量。

课题组认为，尽管市级"渝快办"的服务覆盖性强，但渝中区融媒体中心针对本区的精细化服务与治理方面仍有较大开发空间。融媒体中心打造的"爆料"版块，或将成为"重庆渝中"App 提供社会服务及社会治理的基础。在未来，渝中区融媒体中心可基于与区内各委办局良好的合作关系，进一步将其资源接入中心平台，助力于各委办局实现对区内问题的及时回应、与民众互动等现代化政府职能。

五 存在的问题与未来展望

县级融媒体中心既是新兴主流媒体，又是社会服务与社会治理的神经末梢，在其建设使用中需要处理好各类复杂问题。不同区域融媒体中心发展程度与面临的实际问题各不相同，渝中区融媒体中心内在于直辖市，其面对的某些问题有一定的特殊性。

（一）差异化服务功能有待加强

作为直辖市中心城区，相较于远郊区县，渝中区内媒体生态更为丰富，民众选择空间大，对区级融媒体平台的依赖程度不高。此外，"渝快办"应用承载了整个重庆市服务职能，其覆盖面较广，服务水平较高，因此，留给渝中区融媒体中心提供服务的空间就比较有限。

因此，渝中区融媒体中心未来应尽可能挖掘和开发差异化的区级服务，提升个性化与精细化程度。目前，这一类服务主要体现在"爆料"版块、网上问政等，归纳而言主要存在三个问题：第一，App作为交互性平台，在具体问政与服务处理上能够起着高效协调沟通，缓和社会矛盾的作用，但互联网平台的交互性优势尚未得到足够发挥；第二，目前，受理流程停留在"已受理—已转交相关部门—已回复"的简化告知层面，如果未来能将某些适于公开的问题其具体处理结果在平台上展示，传播效果会更好；第三，部分与民众关系密切的委办局服务尚未接入平台。未来如果能够进一步加强合作，就能更好地发挥融媒体中心社会服务与社会治理的功能。

（二）跨区域媒体合作形式有限

目前，渝中区融媒体中心与周边区县的合作形式分为两类。第一，渝中区融媒体中心积极报道周边区县各类活动，参加区县报业研究会、报业协会、网络广播电视联盟和政务App联盟每年定期或者不定期组织集中异地采访宣传活动。第二，与巫溪县对口帮扶和协同发展，帮助贫困区县及农村地区完成脱贫攻坚、乡村振兴的目标。

但具体看来，目前渝中区融媒体中心与巫溪县融媒体中心双方合作方式及内容比较有限，主要为局部联合报道与小型活动。未来可参考部分其他地区以直播带货、帮助贫困地区产品打开销

图 5　渝中区融媒体中心与巫溪县融媒体中心建立合作关系

路等方式丰富跨域媒体合作，提升效果。

（三）技术建设和"造血"能力有限

如何利用技术是融媒体中心发展的关键一步，技术水平与融媒体平台建设所涉及的特色内容开发、底层数据安全等问题密切相关。渝中区具有高新技术建设的先天优势，区内大数据、云计算及 5G 网络等先进技术发展迅速，并已在人们的生活中广泛使用。但这项优势尚未在渝中区融媒体中心的建设中得到有效的发挥，中心目前专业技术人员也比较缺乏。受制于目前的体制机制，解决这个问题有一定的困难。

渝中区融媒体中心是直属渝中区委的公益二类事业单位，虽可根据市区级情况开展创收，但目前创收空间仍比较有限。据《重庆市渝中区融媒体中心 2021 年部门预算情况说明》显示，"2021 年初预算将投入 1125.45 万元，除结余资金 41.87 万元外，其余均为一般公共预算拨款 1083.58 万元，政府性基金预算拨款、国有资本经营预算收入、事业收入、事业单位经营收入均为0万元。"① 主要靠财政拨款，自主营收空间没有或比较有限，这也是全国各地县级融媒体中心建设普遍存在的痛难点。这在一定程度上也影响了其技术提升与服务水平，中心无法像其他商业公司一样，为高新技术人才开出高额薪资，难以招到合适人才，技术建设也就举步维艰。

因此，未来渝中区融媒体中心能否在体制机制改革上进一步发力，进一步提升"造血"能力并反哺主责主业，是决定其后续发展水平的关键因素。

---

① 《重庆市渝中区融媒体中心2021年部门预算情况说明》，重庆市渝中区人民政府官网，http：//www.cqyz.gov.cn/zwgk_229/fdzdgknr/czyjs/bmys/202104/t20210414_9166507.html，2021年4月14日。

七　自主建设 App，促进媒体深度融合发展

——湖南省浏阳市融媒体中心调研报告

受访者： 于承明（浏阳市融媒体中心副主任）

访谈人： 赵华健　葛家明　陈　一

执笔人： 赵华健　陈　一

访谈时间： 2021 年 6 月

浏阳市，湖南省辖县级市，由长沙市代管，因县城位于浏水之北（阳面）而得名。浏阳市位于湖南东部偏北，东邻江西省铜鼓、万载、宜春；南接江西省萍乡及湖南省醴陵、株洲；西倚省会长沙；北界岳阳市平江，处于长沙、株洲、湘潭三市"金三角"地带，距省会长沙 60 公里。浏阳市地域东西宽 105.8 公里，南北长 80.9 公里，总面积 5007 平方公里。"截至 2020 年底，浏阳市辖 4 个街道、27 个镇、1 个乡，总人口为 148.8 万人，其中，城镇人口 72.44 万人，乡村人口 76.35 万人。"①

浏阳是国家命名的中国烟花之乡，浏阳花炮"始于唐，盛于

---

① 《2020 年社会发展》，浏阳市人民政府网，www.liuyang.gov.cn/2018mlly/jjsh45/shfz6/2021 06/t20210625_ 10026747.html，2021 年 6 月 24 日。

宋"，迄今已有 1300 余年的悠久历史。浏阳市经济以鞭炮烟花、生物医药、纺织服装、建筑材料、机械制造、矿产冶炼、食品加工、化工塑料、竹木加工、花卉苗木等十大产业为支撑。其中鞭炮烟花、生物医药、纺织服装和花卉苗木颇有影响。浏阳市各项事业迅速发展，产权制度改革、金融安全区创、城市建设、经济环境优化等工作在全省独树一帜，被誉为"浏阳现象"，获评"全国卫生城市"、"全国社会治安综合治理先进县（市）"和"湖南省文明城市"。"2020 年，全市实现地区生产总值 1493 亿元，同比增长4.7%。"① 2020 年 5 月，被列入县城新型城镇化建设示范名单。2020 年 12 月，在社科院发布的《全国县域经济综合竞争力 100强》的名单中，浏阳排名第 13 位。

一 融媒体中心建设基本概况

浏阳市融媒体中心在 2019 年报台机构整合的基础上，持续推进宣传、平台、项目、经营、人才等层面的深度融合，系统调整管理架构、整体推进人事调整、建立完善薪酬体系，对媒体融合进行全面系统布局，形成了"合二为一、统一管理、协调联动、高效运转"的媒体融合运行机制。

（一）机构性质和人员组成

2019 年 3 月，根据机构改革总体部署，原浏阳日报社和浏阳广播电视台合并组建成立浏阳市融媒体中心，为浏阳市委直属公益一类事业单位，归口市委宣传部管理。截至 2020 年 12 月 31日，浏阳市融媒体中心现有班子成员 7 人，其中编内人员 286 人，

---

① 《2020 年经济概况》，浏阳市人民政府网，www.liuyang.gov.cn/2018mlly/jjsh45/jjgk/202106/t 20210625_ 10026716. html，2021 年 6 月 24 日。

聘任制员工 326 人，退休人员 167 人，招聘人员 312 人。

（二）内设机构和下辖单位

中心机关设办公室、融媒管理调度部（总编室）、技术安全部、财务部、政工人事部、机关党委办、纪检监察室等内设机构。下辖浏阳日报社（含报业公司、发投公司）、浏阳电视台（含广告公司、大众传媒）、浏阳人民广播电台（含声屏公司）、浏阳市道吾山发射台、浏阳广电云商有限公司、浏阳国安广电宽带网络有限责任公司（含数据公司）、浏阳市广电无线网络有限公司和 17 个乡镇广播电视站。

（三）媒体矩阵和传播平台

中心拥有报社、电视台、广播电台等传统媒体平台；网络公司、无线公司、发射台等传输机构；"掌上浏阳" App、浏阳网、"微浏阳"微信公众号和视频号、"浏 TV"微信公众号和视频号、"995 交通广播"微信公众号、"浏阳日报"抖音号、"浏阳电视台"抖音号等新媒体矩阵；湘鄂赣城市广播电视联盟、中国市县媒体手机直播联盟、全国市县电视台原创节目交流中心等多个节目生产发布平台。

课题组认为，湖南省浏阳市县级融媒体中心建设起步早，在融媒体发展规律的探索上取得了一定成效。浏阳市融媒体中心基于对融媒发展规律性的探索，根据自身实际情况，稳步推进媒体融合，追求实效。作为湖南省唯一保留"一报一台"的县级市，浏阳率先在湖南加快实施机构、平台、项目、人才等层面的深度融合，整合内部机构、推进体制机制改革，在不断改革创新中探索出了一条新路。

二 平台搭建与流程再造

据介绍，浏阳市融媒体中心在全省率先启动平台建设，高标准建设集新闻生产指挥调度发布、大数据储存分析应用和智慧城市融媒项目集成展示等功能于一体的中心平台。平台建设既按照湖南全省统一平台的要求开展，同时又保留了浏阳特色。

（一）依托"掌上浏阳"App，打造"一网一端三微"新媒体矩阵

浏阳市融媒体中心以"移动优先"为战略，开发出"掌上浏阳"App，致力于将移动端作为推进媒体融合的核心支点，按照"了解浏阳，一切尽在掌上浏阳"的功能定位，将"掌上浏阳"打造成为大数据分析平台、"智慧城市"运营平台、新闻资讯发布平台，提升了服务群众的能力。浏阳市的媒体融合工作范围广、内容足，做到了全媒体发布、产业融合经营、技术融合共享。"掌上浏阳"App 平台于 2016 年 9 月份正式启动，是湖南省唯一保留的县级融媒体自主开发的 App 平台。中心在"新湖南"的区县版块打通了接口，并效仿省级平台的模式，将浏阳市下属所有的 32 个乡镇办事处，以及近 100 个市直单位，统一纳入 App，打造了一个县市级融媒体传播平台。

正如于承明所提到的，"郡县治，天下安"。县一级作为党的组织机构和国家政权结构的一环，起着承上启下的作用，而目前省级平台和县级融媒体的合作主要是在省级平台的 App 上打通一个通道，开辟一个版块。他认为，省级平台应进一步吃透中央推行的县级融媒体改革的精神，当前"一省一平台"的操作模式限制了县级融媒体的主观能动性。全省一盘棋一个模式，解决不了同城同质竞争和去中心化的问题，县级融媒体 App 的发展会举步

维艰，在实际对接过程中也暴露了一些问题。例如，平台 App 会出现形式和内容的同质化；还有县级融媒体的财政负担问题等。目前浏阳市融媒体中心营收已达到两个亿以上，压力不大，但是在本省大多数县很难解决这部分的资金缺口。在实际的建设经营中，县级融媒体中心的建设经营大多主要依赖政府"输血"，自我"造血"能力不足。另外，县级平台和省级平台只是新闻的互通，无法吸引注册用户和产生日活跃用户。如果省级平台就是一种模式，只是开发一个新闻 App 进行简单的物理相加的话，那么县级 App 是没有生命力的，更无法向前发展。

（二）实施全媒体调度，主流舆论愈加强劲

浏阳市融媒体中心实施了策采编发全媒体调度，形成"一体策划、一次采集、多种生成、多元传播、全天滚动、全媒覆盖"调度机制，实现"全媒调度、全网传播、全域覆盖"。2020 年，中心向央媒、省媒推稿 200 余条，其中在央视播出 13 条（包括中央视《新闻联播》2 条），4 次登上《人民日报》；向《湖南新闻联播》供稿 80 条，为浏阳打好打赢疫情防控总体战、阻击战提供了强大舆论支撑。2021 年以来，中心以"奋斗百年路启航新征程"为主题，开设"寻访浏阳革命遗址""浏阳红色故事汇""先烈志·两地红""浏水记忆"专栏，截至调研之日，已发稿 410 余篇。新媒体方面，"精彩浏阳烟花"短视频总播放量超 11.2 亿。

此外，平台建设还体现在拓展外部联盟平台上，浏阳市融媒体中心牵头成立了湘鄂赣城市广电联盟和湘赣边网络媒体联盟，带动周边县市媒体交流合作拓展深化；组建全国市县媒体手机直播联盟，同步联合直播各成员单位区域内大型活动，提升媒体传播力和影响力；挂牌设立中国供销节目制作中心，为全国市县台优秀原创节目实现全国传播创造条件，有效扩大了中心跨域经营发展规模。

三 体制机制改革与创新

在机构性质上,浏阳融媒体中心的事业单位性质不变;在人员身份上,保持原有的身份编制不变;在财政保障上,保持原有财政拨款不减的前提下,上级进一步加大资金支持力度;在薪酬体系上,继续支持实行企业化管理的绩效薪酬体系;在福利待遇上,保证员工相比原有工资待遇不减;在人才引进上,继续支持自主用工、自定薪酬的企业招聘机制。

(一)深化人事制度改革

浏阳市融媒体中心很早就将"人才兴融媒"的发展战略纳入媒体融合整体规划之中,注重人才培养和引进力度,积极协调,通过全市人才引进计划为媒体"招贤纳士",支持媒体自主用工,对媒体从业人员实行同岗同酬的薪酬制度,激发了媒体聘用人员的工作激情。在浏阳市融媒体中心,编制内外员工收入相差无几,破解由编制障碍带来的隔阂是促进媒体融合发展的一个重要因素。课题组认为,目前浏阳市融媒体中心员工的年龄、学历结构等在全省范围内都具有一定的优势,但中心在实行同工同酬制度的同时,还应更关注编外员工的晋升空间、培训学习机会等方面是否能与编内员工保持一致。

目前浏阳融媒体中心的员工工资待遇只与员工的岗位和贡献挂钩,与是否有编制没有关系。中心的电视台和报社是有级别的,电视台台长是副科级,总经理和两个副台长是聘用制人员,也就是说电视台6个领导班子成员,只有3个有编制。电台没有级别,是一个二级机构,现在台长和副台长都是聘用制人员。浏阳日报社领导班子有4个成员,社长是有编制的副科级干部,其他有两位也是聘用制。下辖的浏阳广电云商有限公司(浏阳广电集团与浏阳广告公司、浏阳声屏公司，浏阳网络公司和浏阳无线公司共同投资组建）有20人，但只有3人有编制。

（二）产业链条持续延伸

中心推进经营转型升级，年均策划承办活动200余场，制作专题片（宣传片）100余部，打造"大型活动举办专家""专业视频生产商"。承建"天网"工程，开发"结对共建、智慧乡村"党员视频会议系统，延伸网络产业链。建成浏阳规模最大的艺术培训基地，成立万余人的小记者俱乐部。开发"在线教育"项目，助推教育均衡化。组织车展、家电节、家博会等活动，打造"会展专家"品牌。开发"羊淘商城"，商业模式已经输出至山西孝义，湖北通城、洪湖，湖南澧县、永州。在市县媒体经营普遍下滑的背景下，中心经营收入保持逆势上扬。2020年，媒体收入增长292万元，同比增长4.2%，新媒体收入增长512万元，同比翻番。

课题组认为，首先，在经营管理方面，目前浏阳市融媒体中心新媒体收入相对于其他几项占比不大，不利于收入结构的整体优化，新媒体总体创收空间还很大。其次，浏阳市融媒体中心还需进一步完善系列制度。"媒体融合后，中心在原来报、台的基础上，建立完善了关于组织管理、绩效考核、薪酬管理、荣誉激励等一系列的制度框架，但也还有大量的制度没有转型，很多还分散在原来的报社、广电范畴。"① 比如：采编制度、人事制度、财务制度等。

---

① 龙章平：《探索推进县级融媒体中心建设——以运行一年的浏阳市融媒体中心为例》，《城市党报研究》2020年第2期。

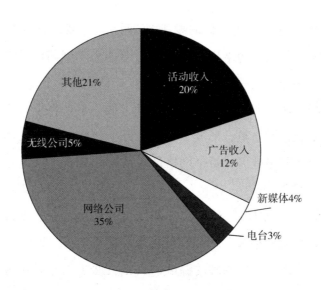

图 1　浏阳市融媒体中心各项收入占比

四　社会服务与社会治理

浏阳市融媒体中心瞄准"打造地方治理新平台"目标，开发"掌上浏阳"App，打造成浏阳信息量最大、点击量最高、最受群众关注的综合信息服务和发布平台。全市乡镇街道、市直部门入驻并开设"政务互动"版块，建设"新时代文明实践""智慧党建"等24个"智慧城市"项目。"党建＋微网格"实现"市、镇、村、支、微"五级矛盾诉求输入办理，推动基层党建和社会治理同频共振。

（一）打造"党建＋微网格"平台，提升基层治理温度

中宣部提出，"要将县级融媒体建成主流舆论阵地，综合服务平台和社区信息枢纽"。推进县级融媒体中心建设，是打造地方治理新平台的重要组成部分。浏阳市融媒体中心充分考虑基层诉求，通过大量的综合服务来凝聚受众。要想把县级融媒体中心

建设成社区信息枢纽，就需要把地理社区与网络社区结合在一起，这需要很大的网络用户积累和运营能力。浏阳市融媒体中心最新的做法是，主动研发上线"党建 + 微网格"智慧管理平台，目前已经在全市所有乡镇、街道全面上线。平台将全市所有党员统一起来担任网格员，形成了由近5万个"微网格长"和矛盾调解员组成的网络社区，每个网格员联系15～30余户不等的家庭进行"一对多"和"一对一"的服务。市民可登录"掌上浏阳"App，打开"微网格"版块，注册即可在线提诉求、查进度，全市各地的"微网格长"可以在线接单、巡查上报。以细"治"入微的服务，提升基层治理的温度，真正打通了服务群众的"最后一公里"。"党建＋微网格"智慧管理平台以"微网格长"为前端探头，实现了"市、镇、村、支、微"五级输入和办理，市民和"微网格长"所有操作都在手机端进行，简单方便。从群众反映问题到解决、反馈、评价，从数据抓取到流转、汇聚、分析，全部进行数字化智能管理。下一步，浏阳市融媒体中心以该平台为抓手，将进一步加快信息录入和处置的速度，搭建信息快速通道，加强对矛盾纠纷的研判、预警和防控，全力推动矛盾纠纷就地化解，力求"微事不出格、小事不出村、大事不出镇、问题不上交"。同时还将计划接入天网、"村村响"、"河长制"等工程，升级更多互动功能，进一步做活项目，在党建引领基层社会治理创新的"浏阳之治"上持续彰显融媒担当。

此外，通过资源的整合，浏阳融媒体利用"党建＋微网格"的模式来进一步解决"数字鸿沟"问题。"党建＋微网格"平台有一个评价体系，网格长为老百姓办完事后，老百姓可以按0、6、8、10的评分标准对网格长进行评价。在2.0的建设阶段，浏阳市融媒体中心在考虑增加这种评价体系的对接与转化机制，同时与"羊淘商城"的数字货币挂钩，10分就是10元，就可以在

"羊淘商城"上购买商品。目前的"党建＋微网格"听起来比较严肃，需要提供灵活多样的应用场景，中心未来打算把物业管理、家政服务还有房地产商房价发布通道等都整合到"党建＋微网格"2.0版本中来，使"党建＋微网格"从一个单一的办事平台，转型成为一个综合的民生服务平台。

课题组认为，作为浏阳特色的社会治理平台，"党建＋微网格"还应进一步加快信息录入和处置的速度，搭建信息快速通道，加强对矛盾纠纷的研判、预警和防控，全力推动矛盾纠纷就地化解。同时不断升级更多互动功能，进一步做活项目，为党建引领基层社会治理创新的"浏阳之路"添加创新因子。

图2　"党建＋微网格"智慧管理平台页面截图

（二）开发"羊淘商城"，拉动"网间"经济

"羊淘商城"是浏阳市融媒体中心开发的有代表性的电子商务项目。"羊淘商城"项目不仅解决了自主性问题，增加了收入

来源，同时通过助力脱贫攻坚，取得了良好的社会效益。接上级文件要求，浏阳市每一位工会会员每年都有相应的工会福利，福利只能以物资的形式发放，不能发放现金。因此，浏阳市融媒体中心与有关部门协商开发了"羊淘商城"电商项目，将工会福利放到商城里面来，第一步先让浏阳4万多政府、国企、事业单位的工会会员每人都有一个账户。账户中的额度必须在商城上进行消费，不能提现。此外商城做好了以下几点：第一，与精准扶贫对接。从2018年9月份开始试验，到商城正式上线之后，三个月之内卖了几十万的精准扶贫的产品，以鸡蛋、蔬菜、蜂蜜等为主。以浏阳当地5000块钱一户的脱贫标准，几十万的营销对精准扶贫助力显著，也为市委市政府分忧。第二，让普通的干部职工能够消费到最优质、服务最好的商品。因为进入商城的产品必须优质，商家想入驻就必须按照要求来，所以当时中心还策划了一个"同城寻找最低价"活动。4万多用户每天进来多次，后台监测到的流量巨大。依托"掌上浏阳"App开发的"羊淘商城"，运营理念得到市县媒体同行认可，目前已与山西孝义，湖北通城、洪湖，湖南澧县、永州签订合作协议。

此外，浏阳市融媒体中心还有4个"抖音号"，第一个是"浏阳电视台"，有250多万粉丝。还有一个"浏阳日报"，现在是150万粉丝。经七八个月的建设，"浏阳电视台"的抖音号产生了非常可观的价值。如2020年末，浏阳市融媒体中心策划了两个案例，第一个案例就是"加特林烟花"的视频，"抖音"平台传播量3亿多，点赞200多万。据说仅一个花炮的类型就创造了4亿多的价值，30多个厂的花炮产品到年底都销售一空。现在一个花炮厂进军浏阳融媒体抖音号的费用是30万。浏阳市融媒体中心每年的花炮直播大概是200—300场，每年活动的收入是四五千万。

但课题组认为，从长远发展来看，"羊淘商城"通过绑定行政资源来吸引用户，不是长久之计。员工福利发放有着全面、细致、具体的规定，每年逢年过节等分批次发放，有严格的发放要求和限额标准，即使放到"羊淘商城"上自主消费，大多以食品、日用品等消费为主。当前扶贫产品等能否满足用户多样化的消费需求，同城最低价能否带来最优质的商品等问题还要调研评估。商城还需进一步做大做强，持续扩大市场影响力，吸引更多本地用户和商家，才能立足本土，不断开拓电商市场。

图3 "羊淘商城"电商平台页面截图

（三）推动"智慧城市"建设，提供互动式、体验式服务

于承明提到，"融媒体的核心是新媒体，新媒体的核心是智慧城市，智慧城市的终极目标是大数据。"浏阳市融媒体中心未

来所有的工作都将围绕这一句话做文章。为什么要把"智慧城市"作为"新媒体"的核心来干，为什么要提出"移动优先"？为什么县级融媒体要改革？就是要找问题。生产力决定生产关系，提出改革肯定是以前的生产力和生产关系不相匹配了，所以要更好地实现生产力和生产关系的匹配。中心运用"媒体＋政务""媒体＋服务"等模式，创新推进基层治理。第一个"智慧城市"项目是掌上政务。浏阳市融媒体中心提出了"最多跑一次"的概念，将全市1019个行政审批事项，不论哪个部门，全部链接到"掌上浏阳"App上面。任何一个自然人和企业法人只要在"掌上浏阳"上将其资料、诉求和申请递交之后，最多只要跑一次，其中有84个事项一次都不用跑。政务大数据一方面实现了"数据跑路"代替"群众跑腿"，另一方面促进了政府数字化转型。每个与行政挂钩的审批事项都在"掌上浏阳"App上面，老百姓如果要投诉可以通过"百姓通道"在App上可以留言。"智慧城市"设计的核心理念，即"民本思维、百姓视野"，任何一个项目老百姓都可以一键投诉，在一定时间内受理单位必须要赶快解决，如果解决不了，督查室和市委督导室就会跟进，还解决不了，纪委就会跟进。2020年共接到3000多个投诉，99%都得到了满意的答复。

还有很多的融合例子，如中心与教育局开发了"智慧教育"，就将教育战线的所有资讯与融媒体进行了对接；开发了"智慧环保"，就将环保局所有的行政资源和资讯都与融媒体进行了结合；开发了"天天学习"，就与宣传部的工作相结合，全市的党员又成了注册用户。不断开发与各个行政单位和事业单位的相关项目，就和这个行业、单位进行了深度捆绑，深度融合。因此，只有"智慧城市"的建设，才能够吸纳更多注册用户，增加日活跃用户数量，实现同城融合。

五 存在的问题与未来展望

县级融媒体中心建设永远在路上，只有进行时，没有完成时。放眼全国，县级融媒体建设目前仍是"摸着石头过河"，县级融媒体到底以什么为核心？很多地方目前仍是以内容为核心，浏阳则以"新媒体"为核心。那么以"新媒体"为核心究竟怎么做？于承明提出，融媒体发展应该建设新媒体，新媒体应该抓住"智慧城市"的牛鼻子，而"智慧城市"未来的终极目标就是大数据，这种在融合实践过程中产生的标准才是融媒体真正的捷径和未来走向。

关于融媒体中心建设，于承明认为需要聚焦以下几个问题。首先，县级融媒体中心建设一定要解决好格局与属性问题。绩效决定效益，大部分融媒体中心要实现"事业单位企业化"管理，毕竟中国当前运作最好的媒体单位，都是企业化经营。其次，未来的县级融媒体平台要经历四个发展阶段：一是要成为辖区内唯一的新闻平台，统一发声，形成合力。所有市直单位和乡镇开发公众号、App，所有的新媒体平台都可以整合到县级融媒体中心的 App 上来，这也是省级平台构思的一个理念。在浏阳，所有乡镇和市直单位都在"掌上浏阳"App 上，形成了合力。二是成为辖区之内唯一的宣传与沟通平台，如前所述 2020 年中心收到了老百姓的投诉和建议一共 3000 多条，99% 都能得到相关部门及时的回复和解决。三是要成为辖区之内最大的互联网平台，如"羊淘商城"就是要实现"淘宝"本地化，其他方面如交水电费、买火车票等就是要实现民生功能本地化。四是要成为基层社会治理平台，中心开发"智慧环保"，就是要让环保工作更加便利化、智能化；研发"掌上政务"，就是想让行政审批更加便利化；开发

"党建＋微网格"，就是帮助各乡镇的社会治理更加科学化、效率化、便捷化。各种智慧平台的建设，就会集成基层社会治理平台。因此，如果全国2000多个县都能把县级融媒体中心打造成为基层社会治理平台的话，那么县级融媒体最终会打造为一个个治国理政的平台，于承明认为这将是未来县级融媒体建设的目标和方向。下一步，浏阳市融媒体中心将锚定"建强用好融媒体中心，打造媒体深度融合发展全国示范"目标，在推动县级融媒体高质量发展上闯出新路子，在构建媒体融合新发展格局中展现新作为。

综观浏阳市融媒体中心建设与发展，课题组认为还存在以下问题需要着手解决：

1. 一些历史遗留问题亟待解决。浏阳以其发端早、入局快，初期成效惊人，收入逐年看涨，但随着融合进程推进，一个比较具体而现实的历史遗留问题可能会凸显出来。浏阳是湖南省唯一保留"一报一台"（浏阳日报、浏阳广电）格局之县融，独立经营时双方收入均不错，而一旦涉及融合，因为浏阳日报人少、运营成本低、待遇高、重编制，浏阳广电体量大、工种齐、成本高、全员绩效考核，所以理念、机制、员工待遇诸多方面均各有考量，亟须谋求一个最大公约数或双方均能接受的平衡点。

2. 融媒体人才的转化与引进。相较于省内其他兄弟单位，浏阳融媒体中心人员的学历构成及年龄结构总体乐观，但中心每年都有几十人的流动，但高学历、全能型的人才依然匮乏。中心虽实行了同工同酬，但是编外人员的晋升、培训等机会是否与编内员工一致，还有待长期观察。目前中心还应加大对现有人才的培训力度，推动传统纸媒、电视、电台的人才队伍向全媒采编、全媒管理人才转型，一如既往坚持"企业化管理、公司化运行"，坚持"自主用工、自定薪酬、同岗同酬"，培养一支符合时代要求、适应融媒发展的人才队伍。要加大对紧缺人才的引进力度，将融媒技术人才、产品研发人才、市场运营人才等纳入人才队伍序列，通过人岗适配、业绩与薪酬深度挂钩的方式，广纳各路英才，形成"鲶鱼效应"。

3. "智慧城市"项目的落地生根。浏阳市融媒体中心更多的"智慧城市"项目还处于建设阶段，智慧教育、在线医疗、智慧电车等项目除吸引注册量外，能否切实解决老百姓的民生问题和相关需求，智慧城市的运营是否能形成深度融合的"合力"，而不是貌合神离的"捏合"，还需进一步建设和评估。在"智慧城市"项目遍地开花的同时，中心还应积极实施下沉战略，进一步下沉到区、街道、农村，成为当地社区信息交互、相互促进进步的重要空间，更好地促进文明程度的提升。

八　县级融媒创新"出圈"，数字化赋能基层治理

——浙江省安吉县融媒体中心(安吉新闻集团)调研报告

受访者：祝　青［浙江省安吉县融媒体中心（安吉新闻集团）党委书记、主任、董事长］

访谈人：石力月　朱雅文　柳　童　唐瑞雪　牟颖颖

执笔人：石力月　朱雅文

访谈时间：2021 年 7 月

安吉县位于浙江省西北部，隶属湖州市，地处长三角地理中心，县域面积 1886 平方公里。2005 年 8 月 15 日，时任浙江省委书记的习近平同志在安吉余村调研时，首次提出"绿水青山就是金山银山"的科学论断，安吉县便成为"两山"理念的诞生地。[①]

2014 年 2 月部分乡镇行政区划调整后，目前全县下辖 8 镇 3

[①]　《县情简介》，安吉县人民政府官网，http://www.anji.gov.cn/col/col1229211445/index.html。

乡4街道，39个社区居民委员会和169个村民委员会。①《安吉县
2020年第七次全国人口普查主要数据公报》显示：2020年，全县
常住人口为58.64万人，其中居住在城镇的人口占60.57%；居
住在乡村的人口占39.43%。2020年，全县实现地区生产总值
487.06亿元，增长4.3%。②

近年来，全县空气质量优良率保持在85%以上，地表水、饮
用水、出境水达标率均为100%，森林覆盖率和林木绿化率达到
70%以上，被誉为气净、水净、土净的"三净之地"，获评全国
首个生态县、联合国人居奖首个获得县。③

安吉县物产丰富，其中以"安吉白茶"最为出名，除了茶文
化以外，安吉县还逐渐形成了竹文化、昌硕文化、移民文化等多
元交融的地域特色文化，文物蕴藏量居全国各县（区）前十位，
获评首批国家全域旅游示范区。④

2019年，浙江省委全面深化改革委员会印发《新时代浙江
（安吉）县域践行"两山"理念综合改革创新试验区总体方案》，
明确支持安吉"规划建设长三角大型云数据中心，大力发展数字
经济智慧产业"。目前，安吉县云数据中心产业园进入建设阶段，
建成后，该产业园将成为超大型高等级绿色化云数据中心、长三
角信息基础设施集聚区和全省大型云数据中心集聚区，重点发展
云计算系统集成和增值服务、应用等产业。⑤

---

① 《行政区划》，安吉县人民政府官网，http://www.anji.gov.cn/col/col1229211450/
index.html。

② 《安吉县2020年第七次全国人口普查主要数据公报》，安吉新闻网，http://ajxw.
ajbtv.com/html/2021-05/19/content_11366_4471738.htm，2021年5月19日。

③ 《县情简介》，安吉县人民政府官网，http://www.anji.gov.cn/col/col1229211445/
index.html。

④ 《县情简介》，安吉县人民政府官网，http://www.anji.gov.cn/col/col1229211445/
index.html。

⑤ 《浙江安吉打造长三角大型云数据中心集聚区》，中国经济时报，http://lib.
cet.com.cn/paper/szb_con/515611.html，2020年9月16日。

一 融媒体中心建设基本概况

安吉县推进融媒体中心建设的过程显示出较高的前瞻性。据介绍，该县是全国率先提出并打造"融媒体"的县，但当时所谓的"融媒体"仅针对新闻生产而言，与今天国家建设县级融媒体中心的思路不完全相同。

2014年1月，安吉县广播电视台与县新闻宣传中心（报社）、县政府机关信息中心共同组建安吉新闻集团，对外保留安吉广播电视台的牌子，实行事业单位企业化运营，集合了广播、电视、内刊、网站、楼宇电视、城乡大屏、官方微博、公众微信号、App及部分户外广告位等县域的媒体资源。[①] 2015年，安吉新闻集团又进一步融合广电、纸媒、"两微一端"等平台，打造"中央厨房"，并建设大数据云平台。2018年，安吉新闻集团推动传统媒体向融媒体转型升级，传统广告产业向信息文创产业转型升级。[②] 据介绍，安吉县融媒体中心为公益二类事业单位，与安吉新闻集团属于"两块牌子，一套班子"。

虽然安吉新闻集团凭借强劲的广电实力起家，但在祝青看来，集团不但体现了广电直观、可视化等优势，也吸纳了报纸简洁、有深度等优势，同时还容纳了新兴媒体的创新文化等，三种不同类型的文化取长补短，共同促成了集团的成长。

目前，安吉新闻集团实行编委会抓宣传主业、经管会抓产业经营、行管会抓行政保障的三重架构。其中，编委会下设全媒体采编

---

① 《2021长三角广播电视媒体融合优秀案例评选活动网络人气奖评选活动》，中国江苏网，http://jsnews.jschina.com.cn/2021/ui875o/5544/202107/t20210719_2818754.shtml，2021年7月19日。

② 宁黎黎、吕晓虹、林玉明：《县级融媒体中心建设的浙江经验——浙江省湖州市长兴县、安吉县的融媒体建设之路》，《中国广播》2019年第7期。

图 1　安吉县融媒体中心（安吉新闻集团）

中心、新媒体发展中心、广播视听中心、广告事业中心（培训中心）、视频创作中心、梅地亚公司、技术安全中心、媒体管理中心、新闻外宣中心和公共服务中心十大中心（公司），以及 5 个乡镇基层工作站。经管会下设网络公司、文澜公司、新绿公司和星号公司在内的 4 个公司。行管会下设办公室（数字管理科）、组织人事科、纪检监察室、督查审计室、计划财务科和后勤保障科在内的 6 个科室。

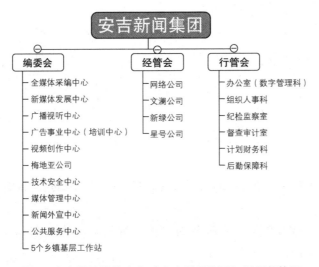

图 2　安吉县融媒体中心（安吉新闻集团）组织架构图

二　平台搭建与流程再造

安吉新闻集团拥有的媒体平台主要包括安吉人民广播电台FM100.1、安吉电视频道、报纸《安吉新闻》、微博"安吉发布"、"安吉发布"与"最安吉"微信公众号、"最安吉"抖音号与视频号、"爱安吉"App等，各平台对不同用户实行差异化新闻推送和服务。其中，广播每天自办节目16小时；报纸对开8版，每周6期；"安吉发布"微信公众号每天推送5到8条，每年打造爆款20余条；"爱安吉"App实行24小时50条次以上滚动推送，用户可实时浏览中央和省、市媒体权威发布及本地图文资讯。目前，集团旗下各类媒体平台用户数达到165万，是全县总户籍人口数（58万）的2.84倍。

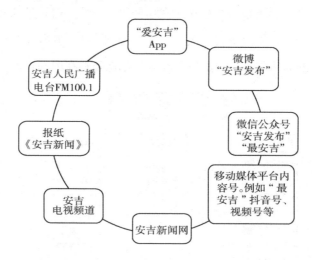

图3　安吉县融媒体中心（安吉新闻集团）全媒体传播矩阵图

据《2020年浙江省政务新媒体发展指数报告》显示："安吉发布"微信公众号在县（市、区）级政务新媒体中排名全省第三，全市第一。"爱安吉"App被评为2018年度和2020年度中国网络理政十大创新案例；2019 年度中国应用新闻传播十大创新案例；2020 年度全国广播电视媒体融合典型案例；2021 年度中国网络理政十大卓越案例。2021 年 5 月，中央改革办专题介绍中心媒体智慧融合经验，中宣部确定"爱安吉"App 为全国 7 个示范项目之一（浙江省唯一），2021 年在省委宣传部委托第三方考核中获得全省县区政务新媒体综合实力第一名，2021 年获得全国广播电视媒体融合先导单位。①

（一）与上级媒体合作共建，自主研发数字化媒体综合服务平台

2020 年 4 月，浙江日报报业集团出台了《浙报集团县级融媒体中心共享联盟建设方案》，实施"下沉"战略，在温州、湖州、舟山 3 地开展共享联盟建设试点。同年 6 月 17 日，浙江日报报业集团县级融媒体中心共享联盟安吉工作站挂牌成立，该工作站由浙报集团湖州分社与安吉新闻集团共同运营，旨在"充分发挥各自优势，在内容生产、主题策划、运营活动等方面展开深度合作。"②从具体操作来看，浙报湖州分社以浙报集团旗下媒体平台为枢纽，对接安吉新闻集团旗下各新媒体平台，同时借力浙报集团旗下各新媒体平台与集团掌握的分发资源平台，进一步扩大对外影响。③

与此同时，据介绍，省级平台为集团的外宣提供了诸多支持，通过该平台，集团外宣和省级媒体能做到无缝对接。2020

---

① 《安吉县融媒体中心：数"改"基层效率智"惠"基层治理》，学习强国"浙江学习平台"，https：//article. xuexi. cn/articles/index. html？art_ id = 17317086279428225870& item_ id = 17317086279428225870&cdn = https% 3A% 2F% 2Fregion-zhejiang-resource&study_ style_ id = feeds_ opaque&pid = &ptype = − 1&source = share&share_ to = wx_ single，2021 年 8 月 20 日。

② 《浙报集团县级融媒体中心共享联盟椒江安吉武义工作站成立》，《浙江日报》，http：//zjrb. zjol. com. cn/html/2020 − 06/18/content_ 3340097. htm？div = − 1，2020 年 6 月 18 日第 4 版。

③ 《浙报集团县级融媒体中心共享联盟椒江安吉武义工作站成立》，《浙江日报》，http：//zjrb. zjol. com. cn/html/2020 − 06/18/content_ 3340097. htm？div = − 1，2020 年 6 月 18 日第 4 版。

年，集团在浙江卫视和浙江之声分别播出 405 条和 375 条，分别位列全省县级台第四名和第三名。广播新闻专题《安吉有个"矛盾终点站"》于 2021 年获评第三十一届中国新闻奖，广播消息《抱团抱出个金娃娃　20 村分红千万元》荣获 2019—2020 年度中国广播电视大奖，连续 14 年广播电视均获浙江省对农节目考核优秀成绩，连续 3 年浙江新闻奖（广播电视类）一等奖唯一获得县（共获得 14 个一等奖），2020 年度首次实现浙江广播电视新闻协作双双特等奖，电视纪录片《三官》在第五届（2020 年度）浙江省纪录片"丹桂奖"评选中荣获优秀微纪录片奖。

在国家对县级融媒体中心"一省一平台"建设要求的基础之上，安吉新闻集团还打造了县域数字化媒体综合服务平台，它是由集团将县内各类资源进行整合建设而成的一个数字化、网络化、自动化、高效率的管存一体化网络系统。通过整合资源，以声屏报网传统媒体与"三微一端"新媒体形成全媒体矩阵，建成应急管理、融媒体发布、技术网络研发、大数据处理及融媒体移动终端应用五个中心。[①]

2020 年底，国家广播电视总局公示全国智慧广电示范案例评选结果，安吉新闻集团的县域数字化媒体综合服务平台入选并获评生态建设类先进等级。

在顶层设计方面，据介绍，安吉新闻集团按照"多渠道采集、多元化生产、多终端发布"的融合发展思路，整合了"声屏报网、线上线下"资源，建立起新闻生产的"中央厨房"，打破了不同种类媒体原有的"采编播"流程限制，从记者派工到分类编辑，再到制作播刊、评价赋分，既分工又合作，形成"统一策划、一次采集、多

---

① 《我领跑我光荣丨安吉这一"聪明型"项目入选国家示范案例！》，浙江新闻，ht-tps：//zj. zjol. com. cn/red_ boat. html？ id=101025180，2020 年 11 月 15 日。

种生成、多元传播"的全业务融合、全流程再造的新闻生产模式。

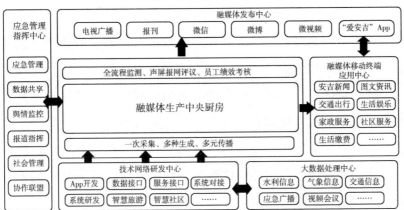

图4 安吉县融媒体中心（安吉新闻集团）自主研发的

县域数字化媒体综合服务平台①

同时，安吉新闻集团还利用大数据、云平台等技术，建设以"一稿一库"为特色、融入声屏报网评议等功能的移动互联网融媒体系统平台，将手机端和电脑端打通使用，为一线采编人员的日常工作和管理提供了便利。②

课题组认为，通常县级融媒体中心自己所搭建的平台主要是为了满足新闻策、采、编、发的基本需求，而安吉新闻集团所研发的县域数字化媒体综合服务平台，在此基础上还将应急管理、技术网络研发、大数据处理也纳入其中，应急管理的纳入赋予了融媒体中心在技术上参与社会治理的能力，而技术网络研发和大数据处理的纳入使得县级媒体能够形成从生产与收集数据到处理

---

① 《精彩长三角别样是安吉丨央视讲述安吉融媒深度发展这样做》，"安吉发布"微信公众号，https://mp.weixin.qq.com/s/cD2tJmd5Of6XsYQ4Xt8ytQ，2021年5月31日。

② 宋焕新：《融合创新贴地飞行——安吉新闻集团推进媒体融合智慧化探索》，《传媒评论》2020年第3期。

与分发数据的全链路闭环，既确保了数据安全，也赋予了县级媒体未来进一步参与社会服务与社会治理的空间。

（二）按需调整机构设置，重置内容生产流程

为推进融合进程，安吉新闻集团也适时调整了编委会下属的机构及职能，按照业务需求，将原来的融媒体新闻中心、广播中心、视频创作中心、媒体服务中心等组建或改建，还逐步调整及完善了新媒体稿件预审制、各平台终审标准化体系、广告纳入编委会议等机制。集团下设的电视频道交由融媒体新闻中心、广告事业中心和媒体服务中心整体包装运作，实现频道资源"编委会统筹、相关中心统领"的运作模式。①

课题组认为，这种全业务融合、全流程再造的内容生产模式，既能体现出不同种类媒体的特色优势，又能体现出多媒体的融合优势，既改变了传统媒体各自为阵的局面，又能满足分众化传播的要求。机构与职能的调整及优化，能顺应不同阶段中心的实际需求，将内容生产与经营创收进一步分离，明确两者各自担负的责任。

图5 安吉县融媒体中心（安吉新闻集团）采访活动现场

---

① 宁黎黎、吕晓虹、林玉明：《县级融媒体中心建设的浙江经验——浙江省湖州市长兴县、安吉县的融媒体建设之路》，《中国广播》2019年第7期。

三　体制机制改革与创新

截至调研之日，安吉新闻集团有员工 510 人，其中在编员工 137 人，编外员工 373 人。中级职称 47 人，高级职称 7 人，党委领导班子 10 人。据介绍，在绩效分配改革方面，集团内所有员工的身份关系均被打通，实行全员绩效考核，中心各科室及公司根据各自业务特性，随岗制定符合实际的考核标准，根据考核标准，编内编外员工同工同酬。

资料显示，安吉新闻集团原先的考核方式效率比较低下，考核内容也不够准确。经过优化后，目前集团已完善了考核体系，通过多种分数加权的方式，以期达到考核的精准化。[①] 据介绍，目前集团内部已启动第二轮体制机制改革，旨在进一步打破身份限制，实现"能者上、庸者下"的用人目标。

课题组认为，体制机制改革难度大，是制约县级融媒体中心发展的基础问题，只有在体制机制理顺以后，很多难题才可能迎刃而解。祝青认为，安吉新闻集团在这方面改革力度较大，能够最大限度地调动员工的工作积极性，确保内容生产的质量，使得集团良性循环发展。

（一）明确多维度激励体系，确保人才队伍稳定

从整体来看，集团的人才聘用以干部任用为中心，着重考察干部的综合能力、管理水平和业务能力等方面。除此之外，集团的激励体系种类较多，主要有星级员工制、项目领衔制、导师帮带制等。

---

① 《2019 中国电视媒体融合发展报告县融经典案例分享——浙江省安吉新闻集团》，"索贝时代"微信公众号，https：//mp. weixin. qq. com/s/9nfaHOVrrSehayMlBpqvoA，2020 年 12 月 11 日。

具体来说,"星级员工制"专门针对在专业领域有所特长的员工,在服从岗位管理的基础上,集团还给予其一定的福利待遇,让其在擅长的领域里发挥才能,让"专业的人做专业的事情"。"项目领衔制"以项目为导向,将每一个项目都当作一个"集结号",凡遇上重大活动,集团就集合部分员工在第一时间、第一版面、第一视角、第一梯队通力合作。据介绍,"项目领衔制"适用于集团内经验丰富且年龄偏大的老员工,为了让其在岗位上继续发光发热,集团列出重点攻坚项目让其领衔指导,使老员工在得到一定福利补贴的基础上,强化存在感。"导师帮带制"即由集团建立专家工作站,邀请来自中央和省级媒体的行业骨干担任导师,与记者结对子,进行一对一指导。

此外,集团也与中国传媒大学、浙江大学、武汉大学、浙江传媒学院、山西传媒学院等高校建立合作制,每年春秋两季到各高校进行招聘。据介绍,为了保证人才队伍的平衡,集团不以第三方猎头公司推荐的方式招聘人才,而是在人才聘用时自主考察其是否具有积极向上的品格以及是否具备时刻"冲锋陷阵"的精神。

在引进优质人才的同时,安吉新闻集团还"组织融媒体新闻中心、广播中心、视频创作中心等部门分批参加了复旦大学新闻培训、全国网络视听培训等,为员工提升能力打下基础。"① 同时,集团也实施员工关心关爱行动,发送家庭喜报,举办新员工入职培训等,让人才留得住。

课题组认为,安吉新闻集团人才激励体系的亮点在于考虑不

---

① 林玉明:《县级融媒体中心建设模式之思考——以浙江省安吉新闻集团为例》,《中国广播》2019 年第 8 期。

同员工的不同情况，实行分层设计，这样一来各类员工的工作积极性都能得到一定程度的调动。另外，在人才选拔和任用上集团更注重个人品格与特质，而不仅仅看重毕业院校、学历等条件。与此同时，集团也十分注重员工个人能力的提升，让每一位员工在工作中都有价值感、获得感和归属感，因而人才队伍的稳定性较强，对集团的长远发展有利。

（二）以市场为导向，培养"造血"能力

县级融媒体中心想要获得长远发展关键是提升自身"造血"能力。据介绍，安吉新闻集团现阶段自主营收渠道主要来自广告、演艺、活动、展会、视频等文化创意产业和来自收视费、智慧城市项目、网络增值、App 移动端等智慧信息产业，加之县委县政府在体制机制改革方面给予了很大的政策支持，集团的各项创收均可根据需要自主支配。

据介绍，在文创产业和智慧产业经营上，目前安吉新闻集团按照"一集团（台）四公司"的架构运营，四个公司分别为：安吉县广播电视网络有限公司，主营有线网络业务；浙江文澜信息发展有限公司，主营智慧城市项目；安吉星号电子商务有限公司，主营电子商务；浙江新绿传媒科技有限公司，主营县市广电联盟"游视界"平台和"游视界"本地圈。据介绍，在自主营收方面，集团经营收入已连续六年保持10%以上增长，2020年度营收2.9亿元，其中文化创意产业0.8亿元，智慧信息产业1.9亿元，其他收入0.2亿元。

四 社会服务与社会治理

县级融媒体中心所承担的"新闻＋政务＋服务商务"功能，是基于国家治理体系和治理能力现代化的总体要求所提出的——县级融媒体中心不仅是一家新闻宣传机构，也是一个基层社会服务与社会治理创新平台。安吉新闻集团凭借自身技术力量以及与各职能部门的合作，提供了一份颇具特色的"安吉方案"。

（一）深入社会肌理，自主研发移动端

2014 年，安吉新闻集团推出全国县媒第一家集"新闻＋政务＋服务商务"功能为一体的"爱安吉"App，实行 24 小时 50 条次以上新闻滚动。截至调研之日，客户端累计下载量超过 100 万，其中注册用户 20.7 万，日活跃度保持在 25％ 以上。①

1. "爆料"功能践行网络"群众路线"

2019 年 1 月，中宣部和国家广电局联合发布《县级融媒体中心建设规范》，明确县级融媒体中心是"整合县级广播电视、报刊、新媒体等资源，开展媒体服务、党建服务、政务服务、公共服务、增值服务等业务的融合媒体平台。"② 对标这样的建设目标，"爱安吉"App 上线了消费维权、农林产权交易、数字乡村等 9 项政务服务应用，联通县级相关部门信息平台数据，为民众提供政务信息查询服务。同时，App 还设立了"两山号"，将县域内乡镇、部门、学校、医院和企业的官方新媒体平台整合在一起，改变了原有的信息传播格局，政务信息与民众零距离，是目前缓解乡镇、部门信息传播各自为政局面的一个举措。

---

① 《安吉县融媒体中心：数"改"基层效率智"惠"基层治理》，学习强国"浙江学习平台"，https：//article. xuexi. cn/articles/index. html？art＿id＝17317086279428225870&item＿id＝17317086279428225870&cdn＝https％3A％2F％2Fregion-zhejiang-resource&study＿style＿id＝feeds＿opaque&pid＝&ptype＝－1&source＝share&share＿to＝wx＿single，2021 年 8 月 20 日。

② 《县级融媒体建设规范》，国家广播电视总局科技司，http：//www. nrta. gov. cn/module/download/downfile. jsp？classid＝0&filename＝e961041c73e44644a757b3effe57b050. pdf，2019 年 1 月 15 日。

此外，"爱安吉"App 的主页中还开设了"爆料"栏目，也公开了新闻举报和邮箱举报的联系方式，民众在生活中遇到任何困难都可以直接通过该渠道反映，由集团统一收集后上报给相应职能部门，集团也会持续跟进最新情况。这一功能一来将网络舆情集中在可控制的范围内，使集团掌握了处理舆情的主动权，二来也为政府部门打通了一条直通民意的渠道。课题组认为，"爆料"功能能够将矛盾直接化解在基层，从而提升政府职能部门的社会治理能力。

2. 进入基层的"毛细血管"，成为便民"服务商"

"爱安吉"App 中内嵌了借车扫码、智慧医疗、掌上公交、美食推荐、家政服务等多个贴近民生需求的生活服务应用，基本覆盖民众的日常出行、娱乐、美食等生活需求。

例如："安吉美食"频道内聚集了全县各地 400 余家小吃、火锅店、炒菜、蛋糕、土特产等店铺，直接线上购买；"5189000 民生热线服务"可一键呼叫钟点工、家电维修、管道疏通、搬运安装、上门理发、甲醛检测等各类家政生活服务；"安吉天气"不仅将本地天气播报精准到街道和行政村，还能查看长三角地区其他城市的天气情况；与交通出行相关的"自行车""汽车票""掌上公交""班次查询""交通旅行""安心停车"六大功能则能够满足民众在线购票、停车场导航、实时公交到站查询等多项需求。

此外，基于用户的实际需求，安吉新闻集团还在 App 内设置了虚拟货币——"云豆子"。据介绍，用户在 App 内"安吉美食""两山智选"等频道使用云豆子，可在线上付款结算时获得优惠消费券和积分，累积的积分还可以兑换商品。与此同时，全县乡镇部门工作人员的餐饮补贴也都纳入到云豆子体系，能够缓解用餐高峰时间段就餐不便的问题。

基于安吉新闻集团的上述实践，课题组认为，县级融媒体中心建设目标之一——"综合服务平台"，即要求中心以互联网平台化的思维模式，提升为所在区域民众提供综合服务的能力。"爱安吉"App中所打造的各类智慧化便民模块应用切实提升了日常生活的便利性，也以此增强了用户黏性。

(二)培养"互联网+"平台思维，研发智慧信息产品

除了"爱安吉"App外，以智慧广电起家的安吉新闻集团还凭借技术团队，自主研发了不少智慧平台型产品。据介绍，目前集团已获78个专利及100多项许可。

2021年5月10日，安吉新闻集团正式上线了全省广电行业首家社区生活综合服务平台——"广电指惠家"，包含了本地生活圈和数字电视个性化服务两大功能，下设"指惠家"和"广电营业厅"两大版块，服务涵盖本地老百姓本地生活、严选特供、食品酒水、家居清洁、美妆个护、家用电器、数字电视线上开户、缴费订购、报修咨询等。

2020年疫情防控期间，集团研发上线了口罩预约系统，网上销售口罩1000万只以上，服务500万人次，客户回访满意度在92%以上，集团还为全国62个广播电视台打造或升级了口罩预购系统。与此同时，在浙江省部署复工复产的第二天，安吉新闻集团就推出了企业复工人员健康管理系统，并免费提供给安吉县所有规模以上企业和3000多家中小型企业，服务员工超15万人。[1]

2018年7月，中央全面深化改革领导小组研究通过了《关于建设新时代文明实践中心试点工作的指导意见》，由此，全国各

---

[1] 祝青：《做好新闻"最后一公里"为抗疫切实服务社会和民众需要——浙江安吉新闻集团"融媒在先""智创在前"实践》，《中国广播》2020年第4期。

地县级融媒体中心与新时代文明实践中心（下文简称"两个中心"）开启了同步建设、同频共振的新局面。2019 年，安吉县新时代文明实践中心成为全国试点。以此为契机，安吉新闻集团上线了手机端和电视端为一体的"文明超市"应用平台。[①] 在该平台中，各乡镇街道的实践地址、县内的实践品牌介绍、学习政策理论和业务知识的实践学院以及各街道乡镇的文化礼堂查询等功能一应俱全，该平台也统筹了全县志愿服务活动管理，通过每日打卡的激励方式鼓励民众参与志愿活动。

课题组认为，同步建好"两个中心"，既是中央提出的工作要求，也是打通引导群众、服务群众"最后一公里"的重要举措。县级融媒体中心和新时代文明实践中心二者是线上和线下的关系，安吉新闻集团开发的这一平台，将各类文明行为产品化，以供民众选择，民众的行为也能线上考核并获得"文明积分"。借助融媒体中心，文明实践中心可以招募志愿者，公布志愿服务项目，听取志愿服务反馈情况等，将文明实践宣传窗口推进到基层。与此同时，县级融媒体中心强大的社会资源整合能力可以将线上传播与线下组织协调相结合，安吉新闻集团打造的"文明超市"起到了整合志愿者服务"两端"需求的作用，拓展了媒体的服务功能。[②] 2019 年，"文明超市"项目荣获全国融媒体中心案例大赛县（区）域平台优秀案例。

据介绍，近年来，安吉新闻集团已研发了公共资源管理的"智管家"、田园综合体的"云计算"、基层乡村智治的"一张图"等，目前已在省内湖州织里、舟山普陀、温州文成和省外湖

---

① 《社区传播视域下县级融媒体中心生活服务功能构建》，"CMG 观察"微信公众号，https://mp.weixin.qq.com/s/uWvmX-aPW-LZU2XVqt9eHg，2019 年 12 月 9 日。

② 《社区传播视域下县级融媒体中心生活服务功能构建》，"CMG 观察"微信公众号，https://mp.weixin.qq.com/s/uWvmX-aPW-LZU2XVqt9eHg，2019 年 12 月 9 日。

北五峰、贵州贵阳、新疆阿克苏等 23 个省落地近 300 项智慧产品，都进入了实际应用中。

（三）打造数字治理的"安吉模式"

在长三角一体化进程的推进中，数字一体化是必由之路。早在 2019 年初，浙江省就拟推进长三角一体化大数据中心的建设，抓好数字长三角的工作。基于此，安吉县于 2019 年 1 月 12 日挂牌成立安吉县大数据发展管理局，推进政府数字化转型及政府信息化建设。

1. 打破体制机制藩篱，实现数据共用共享的"双向性"

资料显示，自 2013 年始，安吉新闻集团便依托广电有线网络，在视频监控、应急广播、信息化平台、无线传输等领域开始发力。2016 年和 2018 年先后建成一期、二期云平台，完成大数据云平台建设。2019 年组建以安吉新闻集团为主体的"两山"转化数字研究院，以政府数字化转型为抓手，加快整合全县各部门的数据。①

在大数据中心成立后，集团加快了推进数字化建设的步伐，但当时由于知识储备和技术力量有限，很多基础设施的搭建和技术支持只能依靠市场化公司，数据安全存在一定隐患。后来直至今天，安吉新闻集团已具备开发该县各类数字工程的能力，所有的数字化建设和运维都由其负责。虽然在应用产品开发的某个具体环节所遇到的技术难题仍交由市场化公司来解决，但数据掌握在集团手中，确保了数据安全。

据介绍，集团较早布局了安吉县视频监控体系，根据各委办局职能，将符合其需求的探头及其后台数据集成供其使用，并经

---

① 《安吉新闻集团加速用"融合"与"开放"迎接智媒到来》，"蓝媒教育"百家号，https：//baijiahao.baidu.com/s？id=1687514597231700051&wfr=spider&for=pc，2020 年 12 月 30 日。

过筛选接入三屏，即电视、电脑、手机。例如：将"村村通"数据光网、"村村用"信息平台、"村村响"音频广播、"村村看"视频监控等数据资源接入县公共危机应急指挥中心信息系统，推动了三级联动、快速响应的综合指挥体系的构建。此外，例如水利、气象、安全生产、市场监管等数据也全都汇总到大数据云平台和应急指挥中心。如果县内有任何突发情况，或进入救灾抢险的紧急状态时，相关领导可直接在中心进行现场指挥调度。

课题组认为，县级融媒体中心要获得长足发展，掌握大数据、云计算等互联网技术尤为关键。安吉新闻集团利用扎根基层的优势，不断增强自身建设，为社会治理提供技术方案，其诸多尝试可以"将复杂的社会运行系统逐步映射在多维的、动态的和立体的数据化和智能化体系之中。"[1] 安吉新闻集团开发当地政府部门开放共享的数据资源和融媒体平台自身积累的数据资源，这样可以在精准把握本地民众真实生活需求的基础上，开展更有针对性、更为精细的生活服务。安吉新闻集团与各委办局数据共用共享的"双向性"，打破了原有条块分割上的限制，使其运行更为高效。集团也通过大数据的"赋能"成功"出圈"，将信息技术应用到基层社会治理。

除了服务本地以外，2015 年以来，安吉新闻集团先后与湖北楚天网络、贵州贵阳广电网络、云南曲靖网络等数十个地市县签订全面战略性合作协议，开展智慧城市建设项目和融媒体平台建设、"爱安吉"App 等媒体融合发展成果的应用模式输出。

---

① 朱亚希、肖尧中：《功能维度的拓展式融合——"治理媒介化"视野下县级融媒体中心建设研究》，《西南民族大学学报》（人文社会科学版）2020 年第 9 期。

图 6　安吉县基层社会治理平台

2. 推动"四个平台"建设，用数据服务基层治理

2014 年，中共中央、国务院印发《国家新型城镇化规划（2014—2020 年)》，明确提出将智慧城市作为提高城市可持续发展的途径。浙江省是全国率先开展智慧城市建设的省份之一，2016 年 12 月，浙江省委在全省基层乡镇街道全面推进基层治理体系"四个平台"建设，即综合治理工作平台、市场监管平台、综合执法平台、便民服务平台。

安吉县基层治理综合信息总平台由安吉新闻集团负责建设，于 2017 年 3 月试点运行，为全省第一个。该总平台下辖综合治理工作、市场监管、综合执法、便民服务四个分平台，综合治理、民生等条线一有事情发生，均会被立即转入总平台。总平台先分类，再利用 App 派单到各相应分平台责任人，并限时处理。目前，基层治理综合信息系统已经覆盖到安吉各乡镇（街道），并已实现与该县基层治理信息中心连接。①

———————————

① 《安吉基层治理"智慧脑"》，新华网，http：//www.xinhuanet.com/local/2017 -08/30/c_ 129692133. htm，2017 年 8 月 30 日。

据介绍，在开发"四个平台"的过程中，安吉新闻集团着力于全闭环地完成舆情收集、研判、处理、反馈的整个过程，保障数据的有效性和安全性。集团只负责平台的搭建，至于在平台运行过程中所需要的人力、研判、评价、考核等方面都由相应的职能部门负责。

课题组认为，安吉新闻集团打造的"四个平台"，通过矩阵化管理，较为有效地整合了各个条线上职能相近、职责交叉和协作密切的日常事务，成为提升基层治理统筹协调能力和管理服务能力的一种新模式。

3. 搭建智慧数字乡村综合管理平台，推进数字乡村建设

自 2008 年起，安吉县就开展了"中国美丽乡村"建设，目前全县 15 个乡镇（街道）实现了美丽乡村创建全覆盖，并呈现出一村一品、一村一韵、一村一景的格局，安吉的建设模式也成为"国家标准"。①

2014 年，安吉新闻集团承建了该县"美丽乡村建设云平台"建设工作。"爱安吉"App 中专门开设了"数字乡村"版块，内设村情指南、村民活动、村务清、邻里中心、超级码、村容村貌、家政服务和视频通话八大版块。其中"邻里中心"内公示了每位村民组组长、乡贤队、调解队负责人的具体联系方式。"村容村貌"依托集团在各村多地放置的摄像头，可实现实时图像监测，民众足不出户即可了解所在地的道路情况，也是向外界展示乡村风采的重要窗口。

"村务清"功能与 App 内的"三务公开"版块相联系，民众选择自己所生活的区域，可查询到包括村情指南、管理

---

① 《【实战团】广电业务创新实战团－智慧融合浙江行》，"中广互联"微信公众号，https：//mp. weixin. qq. com/s/uf_ VKn4IJlt9u14oMoRkKQ，2020 年 10 月 23 日。

服务流程、党务公开、村务公开、财务公开、村级监督和民情分诊在内的所有内容，这一功能使民众能对村务、党务、财务进行监督，参与到村务管理中来。资料显示，2020 年，该平台上传公开信息超 5 万条，办理回复件 3946 条，处置率达98.6%。[①]

除此之外，安吉新闻集团也依托数字化治理平台，大力推进本地乡村旅游发展。安吉县鲁家村于 2016 年被评为"中国美丽乡村精品示范村"，2017 年成为全国首批 15 个示范性田园综合体项目之一。安吉新闻集团也参与到鲁家村的田园鲁家综合体智慧旅游项目的建设中，并为其研发了"安吉鲁家数据分析平台"。除鲁家村外，集团也为其他行政村研发了类似的智慧产品，集合了全域吃、住、行、游、购、娱等旅游要素数据进行综合分析、指挥、管理的旅游智慧体系。

2019 年 5 月，中共中央办公厅、国务院办公厅印发了《数字乡村发展战略纲要》，提出要"把数字乡村摆在建设数字中国的重要位置"，推进"互联网 + 政务服务"加快向乡村延伸，提高乡村治理信息化水平，提升治理能力。课题组认为，数字乡村的发展战略与县级融媒体中心的建设有着内在关联，县级融媒体中心可将一部分数字乡村的目标任务纳入自身建设之中。

（四）统一服务入口，发展以"新闻 + 商务"为特色的本地圈

近年来，随着县级融媒体中心建设的持续推进，"新闻 + 商务"成为不少中心的发力点，安吉新闻集团依托自主开发平台或

---

① 《安吉县融媒体中心：数"改"基层效率智"惠"基层治理》，学习强国"浙江学习平台"，https：//article. xuexi. cn/articles/index. html？art ＿ id = 17317086279428225870& item＿ id = 17317086279428225870&cdn = https％3A％2F％2Fregion-zhejiang-resource&study＿ style＿ id = feeds＿ opaque&pid = &ptype = － 1&source = share&share＿ to = wx＿ single，2021 年8 月 20 日。

者进驻平台的形式，在这一方面也举措颇多。

上文所提及的"广电指惠家"综合服务平台，除了为民众提供日常生活的便民服务外，还提供各类物美价廉的商品。安吉新闻集团以"把指尖实惠带回家"为理念，与全国优质网易严选、杭州联汇等多家供应商合作，并在模式中增加物流配送社区直购体系、将有线网络业务与互联网业务的相关资源进行整合，打造了广电有线业态大众服务新模式。①

此外，安吉新闻集团也打造了"游视界"小程序平台。据介绍，这个平台上的直播服务由安吉新闻集团下属的新绿公司聘用的网红提供直播带货服务，平均每周直播3场左右。目前"游视界"本地圈已逐步向省内外推广。疫情防控期间，"游视界"平台打造了各地农产品一键预约销售模式，破解了农产品购销难题。数据显示，截至2020年底，该平台拥有县城线上用户12.8万，上线安吉本地的农业基地29个，上架产品468款，农产品260余种，通过平台预约直销，成交订单14余万单，交易金额突破730万元。②

除此之外，安吉新闻集团还依托淘宝安吉特色馆和1号店安吉馆、"美丽E家"农村电商及"安吉购"椅业分销三大平台开拓市场，将"新闻＋商务"的潜能进一步发挥。

---

① 《安吉县融媒体中心：数"改"基层效率智"惠"基层治理》，学习强国"浙江学习平台"，https：//article. xuexi. cn/articles/index. html？art_ id = 17317086279428225870& item_ id = 17317086279428225870& cdn = https％3A％2F％2Fregion-zhejiang-resource&study_ style_ id = feeds_ opaque&pid = &ptype = －1&source = share&share_ to = wx_ single，2021年8月20日。

② 《在一线零距离（68）｜ 安吉新闻集团发挥融媒体优势立体化服务"三农"》，"安吉发布"微信公众号，https：//mp. weixin. qq. com/s/1Xs5oCxV7SwJUeh4e-xVlg，2020年12月27日。

图7 安吉县融媒体中心（安吉新闻集团）"游视界"
小程序平台带货服务现场

五 存在的问题与未来展望

纵观目前全国各地县级融媒体中心的建设现状，安吉新闻集团在体制改革、自主营收、社会治理等方面均走在前列。由于体制机制改革较为彻底，绝大多数县级融媒体中心建设过程中所遇到的问题，对于安吉新闻集团来说并不突出。

中共中央办公厅、国务院办公厅于 2020 年印发的《关于加快推进媒体深度融合发展的意见》指出："要发挥市场机制作用，增强主流媒体的市场竞争意识和能力，探索建立'新闻＋政务＋服务商务'的运营模式，创新媒体投融资政策，增强自我造血机能。"安吉新闻集团在发挥市场机制运营方面亮点尤多，在很大程度上能够成为全国县级融媒体中心增强"造血"机能的典范。但是课题组认为，县级融媒体中心不是一个以盈利为目的的机构，对于安吉和全国其他县级融媒体中心来说，都需要不断回应一个更重要的命题——"造血"是为了做什么？

作为国家战略，县级融媒体中心建设的使命很清楚，就是要建成主流舆论阵地、综合服务平台和社区信息枢纽，打通引导群众、服务群众的"最后一公里"。因此，每一个县级融媒体中心在未来都需要因地制宜地围绕上述目标不断地开掘引导群众和服务群众的形式与空间，"造血"能力是衡量县级融媒体中心是否"建强"的重要指标之一，但后者能否"用好"还取决于"造出来的血"能否对其主责主业的创新发展形成有效的支持。这不仅仅是安吉新闻集团也是全国县级融媒体中心下一阶段需要进一步发力的重点。

九 畅通基层传播网络 赋能社会服务治理

——江西省共青城市融媒体中心调研报告

受访者： 王 飞（江西共青城市融媒体中心党支部书记、总编辑）

访谈人： 葛家明 赵华健 陈 一

执笔人： 葛家明 陈 一

访谈时间： 2021 年 7 月

共青城市位于江西省北部，是江西省直管、九江市代管的县级市。其前身是国营共青垦殖场，直到 2010 年才正式设市。该市总面积 310 平方公里，下辖 1 个街道、2 个镇、3 个乡，总人口 22 万。共青城是国家级赣江新区重要组团、国家级高新技术产业开发区、中国羽绒服装名城、国家新型工业化示范基地、全国青年创业基地、国家森林城市、国家级卫生城市和国家生态文明建设示范区。2020 年，共青城市地区生产总值为 171.47 亿元，较上年增长 4.8%。① 财政总收入为 37.6 亿元，增速江西省第一。

原先，共青城市有广播电视台和报社共两家媒体机构，成立

---

① 共青城市基本情况介绍，共青城市政府网站，http://www.gongqing.gov.cn/。

较晚，人员结构较为合理，且两家机构的负责人均为同一人，这为后来的融合发展大大减少了机构间的壁垒。共青城市财政状况良好，每年可为融媒体中心发展提供相应的资金支持。2019—2020 年市财政为融媒体中心拨款 4000 多万元用于基础设施建设（办公楼、高清数字化改造、设备更新）。2021 年，市财政为融媒体中心拨款 241.73 万元，用于各项基本支出。① 此外，共青城市还是国内知名服装品牌"鸭鸭羽绒服"所在地，这让融媒体中心负责人看到了打造"媒体 + 电商"服务的资源优势与发展潜能。

共青城地区商业化媒体较少、民间有影响力的新媒体账号也不多，主流媒体在当地群众心中的权威性和公信力高，为融媒体中心建设与发展提供了良好的群众基础。

一　融媒体中心建设基本概况

早在 2016 年 8 月，共青城的媒体融合就在市委宣传部的领导下着手进行。当时，市委宣传部经过 2 个月的调查研究，起草了《共青城市新闻媒体融合发展改革工作方案》，并上交市委研究，最终常委会批准通过该方案。12 月 20 日，共青城市全媒体中心正式挂牌，并建立了全省首个平台级调度中心，以原有共青城市广播电视台、报社为基础，整合了"共青城发布"微信公众号、"九江共青城发布"官方微博、第一播报（共青城电视台网络版）、江西手机报（共青城分端）客户端、江西手机报共青城版、中国共青城政府网、共青城新闻网 7 个媒体平台，构建了以电视、

---

① 共青城市融媒体中心 2021 年部门预算，共青城市政府网站，http://www.gongqing.gov.cn/zwgk/wugongkai/glgk/czxx_ 152355/gbm/01/202103/t20210312_ 4796245.html。

报纸、网站、微博、微信、客户端为主的媒体矩阵。

2019 年 4 月，结合中央、江西省有关媒体融合改革的文件精神，共青城市进一步深化改革，优化设立共青城市融媒体中心，为市委直属正科级公益一类事业单位，归口市委宣传部管理。目前，共青城市融媒体中心设有新闻采访部、编辑制作部、总编室、产业开发部、安全技术部、办公室共 6 个中层部门。（如图 1 所示）新闻采访部、编辑制作部、总编室、融创工作室负责新闻作品生产业务，产业开发部负责经营性业务。

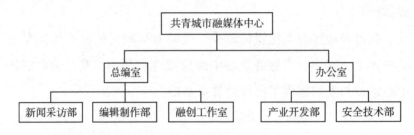

图 1　共青城市融媒体中心组织架构图

在 2019 年 6 月，江西省委宣传部对省内近 80 个区县的媒体融合进展进行考察，依据基础设施建设、新闻影响力等方面的 47 项指标进行材料评估与现场考核。共青城市融媒体中心在这次全省考核中名列第一。由于在这次考核中脱颖而出，共青城市也获得了一笔由中央拨款、地方配套的奖励性经费。

二　平台搭建与流程再造

共青城市融媒体中心成立后，积极建设内容生产与发布的移动平台，并改善原有的生产流程，以匹配"移动优先"的发展需求。平台搭建与流程再造无法一蹴而就，既需要物理层面的技术配备，又需要人机结合，在生产方式上发生了化学反应。

图2 共青城市融媒体中心大楼

（一）高标建成"中央厨房"，多元系统互动协作

在技术层面，融媒体中心现已高标准打造了"中央厨房"，配备索贝系统、"赣鄱云"数据系统、新华智云平台，并设有融媒体指挥大厅、播出机房、配音间、实景与虚拟演播室。依托于这些技术平台，共青城市融媒体中心形成了以"共青城发布"微信公众号和"共青城融媒体"App 为主要渠道的内容发布矩阵。截至2021年7月，微信公众号和客户端的用户量分别达到了7.1万、14.5万，分别占常住人口数的37%、75.5%，日活量都能过万。2020年，"共青城发布"微信公众号的"10W＋"文章共有9篇。电视和报纸的传播量经过一段时间下滑，现在基本稳定，"共青1套"电视频道每日开机人次超过2万，报纸（含移动端）每天在1万人次以上。

值得注意的是，"共青城融媒体"App 平台依托于江西日报社"赣鄱云"系统的技术支持而建立。由于该技术平台开发较晚，仍在不断的迭代升级之中，运行流畅度有待提升，更为稳定、丰

图3　共青城市融媒体调度中心

富的功能版块也需要进一步开发。共青城市融媒体中心目前暂时采用自建的索贝技术系统进行日常内容生产，将内容库与"赣鄱云"平台打通，以此实现自身与省级平台之间的互动。课题组认为，这种方式可以缓解当前省级平台的技术条件无法满足本地内容生产需要的问题，但要想真正打造多功能、个性化、高流畅的移动平台，仍有待于省级平台在技术层面更为精准地匹配各县区差异化、个性化的需求。

（二）提升生产编辑效率，打通基层供稿渠道

在生产方式上，共青城市融媒体遵循"一次采集、多种生成、多元传播，多屏互动"的原则，提升内容生产的效能。由记者将采访的文字、图片、视频，上传至"中央厨房"素材库，新闻采访部主任在线初审初校，各平台值班编辑根据平台特点对稿件进行编辑，同步完成二审二校，然后将稿件发送待签发区由值班总编辑完成三审三校后一键签发，不同形态的新闻就会在 App、PC 端、微信、微博及短视频同步呈现。此外，"中央厨房"打通

与共青城下属 40 多个乡镇、街道文明实践站的联系：基层的党建宣传员可以通过自己的账号向融媒体中心提供通信稿件，由融媒体中心审核、编辑、发布，增强了媒体内容生产的能力。在上述模式的有效运作下，共青城市融媒体中心日发稿量超过 200 条，实现对传统媒体与移动端的全覆盖。

共青城市融媒体中心人员规模较为精简，仅有二十余名一线新闻工作者。而凭借高效的采写、编辑、审核、发布流程，以及连通基层的供稿渠道，融媒体中心可以在有限的人力资源条件下，在各大平台源源不断地发布新闻稿件，实现内容矩阵的长效运转。

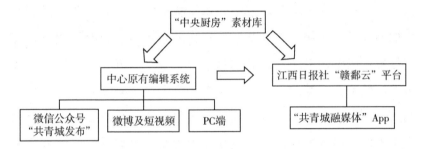

图 4　共青城市融媒体中心生产流程图

三　体制机制改革与创新

媒体融合之前，共青城市有报社、电视台两家官方媒体。成立融媒体中心后，仍保留"共青城市广播电视台"等牌子，以便于对外联系工作。中心现有在岗员工 42 人，其中体制内在编人员 20 人，聘用人员 22 人。依托共青城 8 所独立学院提供的人才资源，融媒体中心积极引进新员工。2021 年通过公开招聘，引进 3 名采编记者和 1 名播音主持，壮大了自身专业人才队伍。为了从分配机制上尽可能消除身份差异，调动中心员工生产积极性，共青城市融媒体中心正在深化管理与分配机制的改革。

（一）财政拨款兜底，全员绩效考核

共青城市融媒体中心目前采用政府财政兜底、全员绩效考核的方式，力求做到"同岗同酬、多劳多得、优劳优酬"。在岗人员的工资来源均为市财政部门的行政拨款，融媒体中心引入全员绩效考核制度，制定编内职工和聘用制人员的工资发放方式，尽可能消除员工"身份差异"，以调动生产积极性。

聘用制人员的工资和"五险一金"由市财政以政府购买服务的形式兜底，按基本工资、稿费、年终绩效考核三个部分进行发放。对于在编人员，融媒体中心每月从他们各人的财政统发工资中抽出一部分金额（约600元）用作绩效考核，只有完成每月规定任务量的编内员工才能获取这部分金额。另外，除了每年的政策性奖励资金，编内人员也要参与年终全员绩效考核。全员年终绩效考核的奖金按3个半月到4个半月工资的标准进行发放，如员工未能完成年度规定任务量或违反规定，则对其年终绩效奖金按比例进行削减。通过上述收入分配机制，目前一线岗位员工每年收入可以达到10—15万元，员工收入与编内外身份的关联度降低，与个人劳动量的相关性更加紧密。

（二）提升"自我造血"能力，改善资金来源结构

中心主要负责人意识到，尽管当前共青城市财政对融媒体中心的支持力度较大，但依托财政兜底并非县级融媒体的可持续发展之策。只有增强自主营收能力，才能进一步提高人员收入，实现员工获得感与内容生产力之间的良性循环。

以往，共青城市电视台设有产业开发部，专门负责经营创收，每年营收额约200万元。成立融媒体中心后，由于"公益一类"的事业单位属性，自主营收部门被取消，近年来除了与共青城市党政机关进行部分宣传合作，没有固定的经营性收入。面对

深度融合发展的需要以及外界增长的合作需求，中心于2021年7月注册成立了共青城融创文化有限公司，强化"自我造血"能力，今后不仅承接当地党政机关的宣传合作项目，还与市内大型商场、企业对接直播、活动等业务，丰富经营性收入来源，为融媒体中心发展进一步赋能。

课题组调研发现，当前不少地区的县级融媒体中心都已经有意识地提升"自我造血"能力，探索营收路径，这有助于改善融媒体中心建设的资金来源结构，避免过分依赖财政拨款，增强发展的"内生性动力"。对于此前完全依赖行政兜底的县级融媒体中心来说，经营性收入如何用于融媒体中心的内容生产过程，如何与既有的绩效管理与分配机制有机融合，进一步缩小编内外收入差距，值得重点思考。

四 社会服务与社会治理

共青城市融媒体中心经过技术平台、生产流程及体制机制方面的改革，正努力发挥融合过后的功能优势，在社会服务与基层治理的实战中不断提升传播力、引导力、影响力与公信力。

（一）立足小城，打造当地权威的主流信息窗口

由于共青城辖区较小，人口仅有22万（常住人口19.2万、户籍人口13.4万），当地有较强影响力的市场化媒体非常稀少，这样的社会环境在客观上有利于共青城市融媒体中心巩固自身在市民心中的权威地位，赢得良好的群众基础。凭借社会环境的便利与自身专业水平和资源优势，共青城市融媒体中心正打造群众"信得过、靠得住"的主流信息窗口。

例如，为纪念中国共产党成立100周年，融媒体中心打造了一系列贴近群众的融媒体宣传产品。首先，在各平台开设专题专

栏进行"建党百年"宣传报道，电视重点播报时政类和社会活动类的"红色"新闻，报纸对"光荣在党 50 年"的老党员、优秀党员、优秀党务工作者、优秀基层党组织进行典型宣传报道；同时，对本市组织的"唱支山歌给党听"大型主题活动进行电视、网络直播，当天网络直播浏览量达到了 17 万人次，超过全市常住人口的 88%；此外，共青城市融媒体中心制作了短视频、H5、音频、图文等多种形式的新媒体原创作品，千人合唱快闪《没有共产党就没有新中国》《军号哒哒响》等在各级媒体平台的总浏览量均超过千万，短视频微电影《路》《加油》《守护》等在各级媒体平台浏览量均超过百万。这些案例和数据能够表明，共青城市融媒体中心在当地具有较强的宣传动员能力，为后续的内容创新奠定了比较坚实的基础。

目前，时政类新闻在全部稿量中占比超过 70%，这反映了共青城市融媒体中心对主流舆论宣传的重视，也同时说明在民生新闻的报道方面还有很大的提升空间。要想进一步发挥本地主流信息窗口的功能，还需不断挖掘本地"沾着泥土，带着露水"的民生新闻。

（二）自主探索服务方式，着力拓宽"媒体＋"的功能维度

现阶段，依托于"赣鄱云"建立的"共青城融媒体"App 虽然与江西省政务服务网的"赣服通"平台相连接，但基本上只能充当资讯类服务窗口，维度较为单一。共青城市融媒体中心认识到了上述局限，正加强学习与沟通，着力拓宽"媒体＋政务""媒体＋服务"的维度。

相关负责人介绍，共青城市融媒体中心现已通过实地考察、交流学习的方式，引入湖南省浏阳市融媒体中心的相关经验，积极与市内职能部门加强沟通合作，准备将市内缴费、挂号、实时公交、3D 地图等便民服务的数据端口纳入融媒体中心的移动平台，其具体方案仍在打磨。

除了丰富移动平台的服务版块，共青城市融媒体中心还以新闻内容带动社会服务。遵循"新闻＋服务""媒体＋电商"的理念，拍摄记录本地服装企业——"鸭鸭羽绒服"的产品生产流程，向消费者推广本地优势品牌。新冠肺炎疫情期间，强化战"疫"服务群众，与扶贫部门联合开展"扶贫产品＋微直播"助力产品销售，与就业局联合开展"云招聘"吸引周边群众到共青城高新区企业上岗就业。课题组认为，这些具体措施都是共青城市融媒体中心在拓宽公共服务路径过程中的自主尝试，本身具有探索性，表明在综合服务平台的技术基础和功能版块仍待完善的情况下，"内容＋服务""内容＋政务"不失为一种行之有效的策略。

（三）数据赋能舆情监测，畅通基层治理渠道

共青城市融媒体中心负责人意识到，相比于市场化媒体，县级融媒体中心在参与基层社会治理方面具有明显优势。因而，共青城市融媒体中心从舆情监测、基层应急宣传、媒体监督等方面下功夫，努力发挥自身在本地社会治理过程中的效能。

为了精准把握地区舆情动态，共青城市融媒体中心每年花费15—20万元与第三方公司合作建设舆情大数据分析库，抓取全网热点与负面信息，及时向市委市政府形成反馈。通过调度中心，突发舆情能够得到快速的应对和处理。这一舆情监测和反应机制在疫情防控期间发挥了重要作用，尤其是在武汉"封城"期间，面对民间谣言和过激言论，融媒体中心能够及时发现，并发布权威通告进行回应，稳定民众情绪，引导社会舆论。课题组认为，正如有学者指出的，舆情风险数据是社会治理的重要资源，以政府和主流媒体为代表的主体处在与市场资本围绕这一宝贵资源展开了微妙的博弈。[1]

---

① 邵培仁、王昀：《触碰隐匿之声：舆情认知、大数据治理及经验反思》，《编辑之友》2016年第12期。

共青城市融媒体中心利用大数据技术赋能舆情治理，体现了其在掌握化解舆情风险，维系社会稳定方面的积极性与主动性。

除了借助于大数据有效地监测舆情，共青城市融媒体中心也注意到"大喇叭""小广播"等在突发公共事件中具有的强大宣传效果。疫情期间，融媒体中心与广电网络合作，利用应急广播向农村地区传递防疫信息，充分发挥"乡村大喇叭""移动小音响""流动宣传车"等宣传渠道贴近群众、直通基层的优势，把新冠肺炎疫情资讯、防控科普知识等内容不间断地送到居民小区、村社农户。调研组认为，已有相当多的研究表明，在疫情防控期间，"大喇叭""小广播"等传统媒介可以有效缩小城乡信息鸿沟，增强基层群众对防疫信息的理解程度，激发防范意识与凝聚力。[①] 共青城市融媒体中心显然把握了上述"土办法"在化解基层公共风险中的传播优势。县级融媒工作者不可忽视广播、喇叭等传统媒介对基层宣传、风险防控、危机治理的强大效能。

此外，共青城市融媒体中心还积极发挥媒体监督职能，对当地违规、违法与不文明现象及时曝光。例如，在创建国家卫生城市期间，融媒体中心与有关部门联动，每周进行两场直播，核查各个小区的墙面"牛皮癣"清除情况。在此期间，对检查不合格的社区进行公示，并公布相应网格负责人的名字，以此形成有效的约束力，深受当地群众欢迎。

五　存在的问题与未来展望

共青城市融媒体中心已经初步形成了媒体融合发展的技术、

---

① 郭淼、郝静：《虚拟聚合与精准解码：农村广播大喇叭在突发疫情传播中的政治功能》，《新闻与传播评论》2021 年第 2 期。

人才和组织体系，并在社会服务和基层治理的实战中崭露出一定的建设成效。但同时，就现阶段而言，它很明显还存在以下两方面问题：

（一）技术系统有待升级，服务版块亟须完善

共青城市融媒体中心所依托的"赣鄱云"技术系统所搭建的"共青城融媒体"App平台，功能版块还较为单一。通过使用体验，课题组发现它目前更像一个各类新闻稿件的聚合平台，主要具有资讯功能。而移动App并不能单纯充当资讯发布渠道，还应具备立足本地特色的便民服务版块。"共青城融媒体"App便民版块中的大多功能，仅是简单地通过超链接与"赣服通"、共青城市政府网、部分第三方平台（如新浪、去哪儿旅行、坐车网等）联通，没有自主开发的服务窗口，且界面时常出现不稳定的现象。这说明，平台背后的技术仍然需要不断更新，尤其是具有本地特色且稳定、长效的服务版块尚待开发。

（二）资金来源渠道单一，缺乏特色营收途径

共青城市融媒体中心当前实施的全员绩效考核制度建立在财政资金兜底的基础之上。全员工资财政拨款，虽然反映了当地政府对融媒体发展的重视，但也需要充分考虑将来地区财政压力加重的风险，通过自主营收改善资金来源结构，并配套更科学的激励方案。

尽管共青城市融媒体中心负责人意识到这点，并推出了一系列改革措施，但当前的营收渠道还是以外包宣传服务为主，缺乏能够打开本地市场的经营性业务部门，与地方特色产业和优质产品（如"鸭鸭羽绒服"）的融合空间依然巨大。

共青城市融媒体中心在既有探索中形成了未来发展的方向。2021年3月，中心结合中共中央办公厅、国务院办公厅印发的《关于加快推进媒体深度融合发展的意见》以及江西省委办公厅、

省政府办公厅印发的《关于加快推进媒体深度融合发展的实施意见》精神，出台了《共青城市加快推进媒体深度融合发展的具体实施意见》，重点包括：打造智慧城市综合服务平台，改造升级共青城融媒体客户端；建成用好共青城市融创文化公司，成立融创工作室和群众工作服务部（社区治理综合服务部）；进一步完善工资绩效管理制度等。逐步落实上述工作，共青城市融媒体中心有望在将来更好发挥"引导群众、服务群众"的社会职能。

十 "平台+机制"双创新，探索西部县级融媒发展模式

——甘肃省玉门市融媒体中心调研报告

受访者： 李增军（玉门市融媒体中心主任、玉门市政协委员，入选国家广电总局 2020 年度全国广播电视和网络视听行业领军人才工程）

访谈人： 葛家明　赵华健　陈　一

执笔人： 葛家明　陈　一

访谈时间： 2021 年 7 月

玉门市地处甘肃省西北部，由酒泉市管辖，辖区总面积 1.35 万平方公里，包括新老 2 个市区、3 个工业园区、12 个乡镇。第七次人口普查数据显示，玉门市常住人口共计 13.77 万人，包含汉、回、蒙、藏、东乡等 29 个民族。近年来，玉门市实现贫困县"摘帽"，获评全国农村创新创业典型县，并入选国家数字乡村试点地区名单。此外，玉门市还获得了"全国生态文明先进市""国家级园林城市""全国生态特色旅游市"等称号。

2020 年，玉门市地区生产总值为 186.8 亿元，一般公共预算

收入完成 42164 万元，一般公共预算支出 228781 万元。其中，用于玉门市融媒体中心发展建设的财政支出达到 747.7 万元。[①]

玉门是新中国成立后的第一座"石油之城"，虽然目前当地石油资源面临枯竭，市政机关和核心产业搬离油田区，但玉门油田的文化价值在当下不断凸显，"铁人"王进喜故居、老君庙、老一井等承载油田文化的历史遗迹成为重点打造的旅游景点。

一　融媒体中心建设基本概况

玉门市的媒体融合起步较早，在融媒体中心正式挂牌之前就已展开。2016 年，玉门市委市政府主导整合当地媒体资源，将广播电台、电视台和新闻中心合并成为玉门市广播电视台，由此打破了不同媒体之间的机构壁垒。2017 年，玉门市广播电视台探索参与"智慧城市"建设的路径，实现免费 Wifi 全城覆盖，建立起作为综合信息服务平台的"爱玉门"App，并将广播播发网下沉到村组，进一步增强了玉门市广播电视台对当地社会的服务功能。[②]

2018 年 12 月 18 日，玉门市融媒体中心在甘肃省率先揭牌成立，是市委直属的正科级事业单位，归口市委宣传部管理。中心共有员工 61 人，编内编外人员约各占一半。从学历来看，获得本科及以上学历的共计 39 人。人员结构呈现出知识化、年轻化、专业化的特征。

中心成立后，机构整合和流程融合相继展开，一线人员从电视新闻记者向全媒体采编记者转型，并形成"一次采集、多元生成、多渠道播发"的生产传播模式。中心成立以来，一批优质的

---

① 地方概况，玉门市人民政府网，http：//www.yumen.gov.cn/。
② 刘勇、沙垚：《县级融媒体中心之玉门经验》，《新闻战线》2018 年第 17 期。

新闻内容获得上级部门的认可，有4篇新闻作品在2019年甘肃省新闻奖评选中包揽一、二、三等奖。在2019全国区县级融媒体中心融合创新发展年会上，玉门市融媒体中心获评"2019全国区县级融媒创新发展优秀融媒体中心TOP10""综合创新力微信公众号TOP10"，"爱玉门"App获"优秀融媒奖"玉门市融媒体中心主任李增军荣获"发展创新人物"称号。① 2020年，玉门市融媒体中心从2000多家县级融媒体中脱颖而出，获评全国县级融媒体中心舆论引导能力建设突出案例。② 在多篇学术研究论文中，玉门市融媒体中心均作为典型案例被重点分析。

二 平台搭建与流程再造

（一）搭建"一中心四系统"的平台架构

玉门市融媒体中心建成了由"祁连云"数据融合中心、融媒体生产系统、融媒体报道指挥系统、融合媒资管理系统、全景演播室系统组成的"一中心四系统"平台架构。具体来看，"祁连云"数据融合中心是玉门自建的融媒体服务平台，全市政府机关、民间组织与企事业单位的数据信息均通过该平台得到集成化储存管理，市长热线、群众中心、工会信息等版块可以借助该平台更好发挥功能。未来，玉门市融媒体中心将把"祁连云"打造成"城市大脑"，使之成为智慧城市建设的重要依托。融媒体生产系统则围绕"中央厨房"的建设理念，实现媒体素材的"云端汇聚"。一线采编员工可以通过这一系统进行手机回传、通用内

---

① 玉门市融媒体中心荣获中国融媒创新发展年会多项大奖，玉门市人民政府网，http://www.yumen.gov.cn/zhengwuyaowen/bumendongtai/20190715/095112323ac9e4.htm。

② 玉门市融媒体中心入选全国县级融媒体中心舆论引导能力建设突出案例，玉门市人民政府网，http://www.yumen.gov.cn/zhengwuyaowen/bumendongtai/20201207/1025066929d61b2b420.htm。

容与新媒体内容的编辑制作、多媒体矩阵的内容发布等工作，极大提升了内容生产的效率。除了这些比较常规的功能以外，玉门市的融媒体生产系统还引入人工智能技术，可以实现语音写稿、人脸识别、视频内容"打点拆条"等功能。融媒体报道指挥系统通过数据可视化的形式呈现网络热点舆情，可以追踪各新闻选题的采访情况，也能够对接本市的"雪亮工程"，联通全市摄像头信号，在紧急突发事件中充当指挥调度中心。融合媒资管理系统集纳中心信息、影像、声音资源，便于后期调用。全息演播室系统能够缓解县级媒体建筑容量有限所带来的演播困境，实现虚拟演播。

"一中心四系统"的平台架构奠定了玉门市融媒体中心发挥社会服务与治理功能的基础。正如李增军所说："这样的技术化平台对我们的流程再造、政务服务、资讯发布，起到了统筹作用。它在我们的媒体融合中占据了核心地位，因为之后人员生产行为上的深入融合，都是以这些物理条件为前提的。"直到当前，"一中心四系统"已投入运用近三年，经过不断更新打磨，新闻采编工作者不断适应新的技术环境，融媒体中心的内容生产效率大为提升。

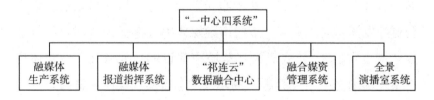

图1　玉门市融媒体中心"一中心四系统"的平台架构

（二）建立以"爱玉门"App为重点的多元传播矩阵

从发布端来看，玉门市融媒体中心建立起以"爱玉门"App为重点的多元传播矩阵。传统媒体业务通过有线电视网和直达村组的广播网络来完成，全市各机关部门、企事业单位的"两微一端"数据均与融媒体中心打通，各网络媒体账号拓宽自身在市场化平台的发声空间，"爱玉门"App集新闻发布、综合服务与信息互动的功能于一体，各渠道相互协同，形成全覆盖的传播网络。

目前，"爱玉门"App的下载量约8万次，注册人数约为45000人，占辖区常住人口的三分之一。用户通过"爱玉门"App，不光可以在移动场景下浏览本地新闻，还可以获取政务服务和购物、打车、生活缴费、招聘、电视节目互动点播等民生服务。同时，"爱玉门"App也可以为市民互动提供线上空间，增强民间交往。课题组通过下载并浏览App发现，不少市民在"同城交易"版块进行二手房交易，还有部分市民通过"玉门互动吧"发帖分享生活片段，招聘"育儿嫂"，咨询"老年大学"相关事宜……这些现象表明，"爱玉门"App已初步成为本地民众社会互动的重要空间之一。在数字媒介高度嵌入人民生活的宏观背景下，县级融媒体通过上述功能，可以拓宽民众生活空间，通过网络渠道增强"社区感"。

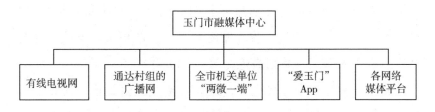

图2 玉门市融媒体中心传播矩阵图

（三）探索"全民参与"的内容生产路径

由于一线记者的人数有限，而民众对信息的需求在不断增加，玉门市融媒体中心也正在探索"全民参与"的内容生产路径，为普通市民反映身边新闻线索提供新渠道。比如，有群众通过"爱玉门"App在"玉门互动吧"发帖，反映社区道路拥堵、乱丢垃圾、学校伙食与校车安排不合理等问题，得到了比较广泛的社会关注。这些案例表明，"全民参与"理念已经在玉门市融媒体中心移动平台中有所实践，并取得了一定的成效。

李增军说："以前我们要增加发稿量，会给记者加班加点，但现在既然所有人都转到了小屏，我们为什么不把这股民间生产力运用起来呢？所以我们开始探索'全民参与'内容生产的业态。"经由"爱玉门"App，本地群众可以讲述身边故事，曝光新闻线索，反映现实问题，这种来自民间的内容生产力既可以增加玉门市融媒体中心的内容传播量，又能够加强媒体与群众之间的联系，更好地"引导群众，服务群众"。

三 体制机制改革与创新

玉门市融媒体中心下辖 18 个部门，共有员工 61 人。不同人员与融媒体中心的人事关系存在差异，正式在编人员有 34 人，聘用制员工有 27 人，聘用制员工又分为劳务派遣和网聘人员（即向第三方技术公司招聘并通过互联网在线办公的兼职人员）。以往，不同"身份"的员工收入差距较大，生产积极性不高。融合之后，中心采取了一系列措施，改善劳动关系。

此外，融媒体中心成立后，还大力拓宽经营渠道，使得自营收入从 2016 年不到 40 万元的体量，增长到 2020 年的 280 万元。

（一）改革分配制度，缩小身份差异

据介绍，当前玉门市融媒体中心的在编人员与聘用制人员（除网聘）的工资分配方法如下：对在编人员，融媒体中心在"不动存量变增量"的原则下，以原有工资的 30% 配套档案工资的 15%—30% 进行绩效考核；对聘用制人员，建立岗位业务等级管理制度，根据员工业务能力分为 ABCD 四个等级，每一等级都有相应的岗位基本工资，在此基础上加上个人的绩效考核工资进行分配。

李增军介绍道："现行的分配办法，既可以解决编内人员'在编不干事'或'在岗不作为'的问题，又可以用市场化的手段调动编外员工的劳动积极性。从实际效果来看，编内人员消极怠工的现象减少了，不少一线编外聘用制人员的收入甚至超过了我这样一个管理层。"课题组认为，玉门市融媒体中心的改革从整体上来讲，是以企业化运作的思路形成有效的激励机制，一方面提高编内员工责任感，另一方面调动编外员工生产积极性，有助于提升媒介组织的发展活力。

（二）实行对聘用制人员的开放式管理

由于考虑到聘用制人员在日常业务中的重要性越发突出，玉门市融媒体中心积极争取市委市政府的政策倾斜，为他们提供一套开放、自由、友好的管理制度。

一是合理促进组织内部不同员工的轮岗交流。玉门市融媒体中心共有 18 个部门，岗位多元化。为了实现人员与岗位的最佳配置，中心采用轮岗制，促进内部员工在不同岗位的锻炼与交流。目前，玉门市融媒体中心的轮岗率约为 40%，计划轮岗率要增加到 60%，正在不断努力探索和深化。李增军认为，轮岗交流对锻炼业务骨干，实现人才最优配置具有重要价值，但需要稳步推进，避免交流、转换幅度过大对原来熟悉本岗位业务的员工带来的消极影响。

二是对聘用制人员实行本地有效的职称管理。2020 年起，玉门市融媒体中心对聘用制人员也实行了职称管理，为聘用制人员（除网聘）提供在本市有效的专业技术职称。聘用制职称以积分为考核标准，对员工日常的工作业绩、表现，尤其是创作内容的欢迎程度，按特定细则评分，逐年累进，作为职称评定的依据。

所评定的职称在玉门市内用工单位具有效力，有利于员工的职业发展。课题组认为，积分评定与内容质量联系更加紧密，可以避免新闻工作者盲目追求数量，防止将内容生产简化为功利性的"挣工分"，有利于形成鼓励优质内容生产的工作氛围。

基于积分的职称管理制度，一方面使得聘用制人员的待遇"不看资历，看能力"；另一方面可以避免"领导在我好好干，领导不在我不好好干"，或者"一个阶段好好干，另一个阶段不好好干"的问题。

（三）巧用"网聘"揽才，打磨尖端业务

玉门市地处西北省份，相比于沿海城市，岗位待遇的吸引力有限，提升岗位的自由度可以相对缓冲这种劣势。近两年，玉门市融媒体中心向市委市政府争取到政策支持，通过网络聘用了 7 名来自"北上广"互联网技术公司的青年人才，委托他们负责 IT 服务、美工设计、动画制作等"尖端业务"。

对于"网聘"人员，玉门市融媒体中心采取按件、按岗的兼职工资发放标准进行分配。在此分配制度下，"网聘"人员的劳动积极性能够被调动，所提供服务与内容的质量也可以得到保证。一般来说，这批"网聘"人员每月可从玉门市融媒体中心获得 4000—5000 元的劳动收入。

课题组认为，"网聘"的用才模式拓宽了人才市场的面向，有助于高标准人才的跨地域选用，对"建强用好"县级融媒体中心具有重要作用。当前，各地关于"网络用才"的制度规范不一，县级融媒体中心应结合自身需求，主动提出相应的执行方案，与相关部门协商，合理有序地促进网络人才为融媒体中心发展赋能。

（四）深化产业改革，增加经营性收入

融媒体中心成立之前，媒体经营收入主要依靠广告。但随着市场化的新媒体行业兴起，传统媒体广告收入在过去十多年内迅速缩水，玉门市融媒体中心也比成立前最高时的年营收份额减少了近300万。面对这种不利局面，玉门市融媒体中心在经营业务方面进行了大胆改革。现在，经营业务主要由内容创作、广告和基于"祁连云"的数据服务构成。

首先，在内容创作方面，融媒体中心加强与当地部委办局、企事业单位合作，拍摄宣传作品，获得经营收入。这方面的经营效益比较可观，每年可以提供120～150万元的经营收入。

其次，向民营广告公司拍卖广告部门的经营权。2020年，玉门市融媒体中心对广告业务进行大胆切割，将自有广告部门的经营权拍卖给市内一家业绩良好的广告公司。李增军介绍："这种做法考虑到了社会化公司在市场空间占有方面的优势，我们拍卖的价格也比较合理，他们一年向我们支付80万元的基本费用，然后实际上每年还会有5%～10%的积累提升率。"

再次，利用"祁连云"数据管理中心的技术优势，向市内机关、企事业单位提供 IT 存储等大数据服务。这项业务充分利用了融媒体中心在市内的技术资源与数据资源优势，可以做到数据服务增收。

四 社会服务与社会治理

（一）打造内容创作"精品工程"

玉门市融媒体中心坚持以优质内容反映本地社会发展动态，参与区域社会治理。在这个过程中，融媒体中心一方面创新内容的呈现形式，制作了一批传播效果优良的快闪、短视频、纪录片，并引入云计算、大数据分析、移动直播、无人机采集、全景拍摄、虚拟现实等新兴生产技术；另一方面，鼓励新闻工作者进行创造性生产，优化内容制作的策划方案、制作脚本等，锻炼优质内容生产力。

2018 年，为宣传审批制度改革成果，玉门市融媒体中心推出"闪爆玉门，疯狂审改"rap（说唱）短视频，全网点击量超过800 万。为纪念改革开放 40 周年，玉门市融媒体中心创作歌曲MV《石油摇篮，活力玉门》，将地域元素融合其中，在"新华云"平台推出后，三小时点击量就超过了 100 万。2021 年，为庆祝中国共产党成立 100 周年，玉门市融媒体中心推出专题片《奋斗百年路，起航新征程》，成为甘肃省唯一被推送到"学习强国"平台主页的县级融媒体作品。

图 3　"闪爆玉门，疯狂审改"短视频二维码

除了上述热点专题，玉门市融媒体中心用了三年时间倾心制作自然纪录片《瞰玉门，享自然》，参考"航拍中国"的呈现方式，对本地特色自然景观和资源进行记录，目前全网点击量超过400 万。同时，中心鼓励员工自主创作，依托于内容"精品工程"，相关团队利用两年时间拍摄人文纪录片《放羊的画家》，不光被省级媒体转播，还成为市场化视频平台用户时常引用并加以

图4 《石油摇篮,活力玉门》二维码

二次创作的影像资源。

课题组认为,玉门市融媒体中心的内容生产实践以"精品化"为导向进行探索,初步取得一些成效。这些内容的质量又直接与主创者的收入、绩效、职称等挂钩,可以形成良性的互促机制。

(二)优化技术及其协同,做强综合服务

"爱玉门"App是玉门市融媒体中心各项综合服务的集成平台,囊括了全市200多项综合服务。但从目前用户实际使用率来看,常被打开的服务类别仅占总量的三分之一,许多服务还存在链接不稳定、特色不鲜明、与相关单位合作不到位等问题。

举例而言,"爱玉门"App开辟了商超购物功能,并投放了许多自营产品,但由于货源有限,且无法与淘宝、拼多多等平台资本竞争引流,打开这一功能的用户数量还比较少。正如李增军所说:"我们搭建起了平台,但是这并不意味着平台活跃度得到保证,线上商超需要能调动起本地商户的参与积极性,并且制定可操作的合作方案,还要让老百姓愿意在上面买东西。"因此,玉门市融媒体中心正持续从技术、吸引力等角度着手，优化其使用情况。

相比之下，招聘服务在所有服务门类中被使用率较高。"爱玉门"App 打通了与用人单位的联系，有招聘需求的企事业单位可以在"爱玉门"App 直接发布招聘信息，有意应聘的用户能够在线与之互动。融媒体中心所提供的招聘服务与其他市场化平台相比，依托于官方媒体机构，可信任度更高，可以给用户找工作提供更大保障。但李增军也意识到，尽管具有"信任优势"，融媒体中心提供的招聘平台整体上还是无法与拥有巨大流量池的市场化平台竞争，如何有效发挥"信任优势"，将信任转化为用户黏性，仍然值得进一步思考。

（三）协同社会治理中心，直通社情民意

近年来，玉门市注重社会"良治"，因此由市委和政法委牵头成立了玉门市社会治理中心。为了与社会治理中心相互动，有效汇聚社情民意，玉门市融媒体中心大力推进"爆料模块"的建设。在新媒体端，市民可以通过"爱玉门"App 的"爆料"功能对身边热点事件、社会问题进行曝光，相关信息将反馈至社会治理中心平台，由市委、政法委责成相应职能部门进行调研、处理；在传统媒体平台，群众所反映的重点问题被追踪报道、制作成为"百姓说事"电视栏目，加大媒体参与社会监督与治理的力度。

截至调研时，玉门市融媒体中心共收到当地群众"爆料"13000 多条，其中 90% 的问题可以得到追踪与处理，不光疏通了媒体与群众之间的沟通渠道，还有助于一些重点社会舆情的化解。2018 年，玉门市发生了一起特大杀人灭门案，社会上关于案件的讨论众声喧哗，不少群众在"爱玉门"App 讨论案件原因，其中不少发言的"依据"来自社会化的媒体平台。部分社会化自媒体为博眼球，对事实添油加醋，带偏了群众对案件的认知。因此融媒体中心积极组织人员，针对群众留言，进行正本清源的辟谣工作，每两个小时发布一次案情调查进展，在持续48小时的信息发布后，舆情得到平息，群众关心的问题也得以回应。2020年，有人大代表在市"两会"期间建议将312国道玉门段进行改道，以减少扬尘、噪声等给市民生活带来的不利影响。玉门市融媒体中心将此作为议题，向群众"撒网"，征集普通居民、商户等不同利益主体的意见，持续制作10期专题电视节目，与群众互动1000多次，为市委市政府决策提供参考。最终，综合考察群众意见，市委决定同意"改道"，并拨款7000余万元敦促相关部门执行，民意与决策由此形成了良好互动。

课题组认为，玉门市融媒体中心的上述举措，不光使得社情民意得到了充分反映，而且打通了党委政府、媒体部门与民声的互动机制，使得社情民意的转达真正有助于形成多元主体的社会治理格局，推动基层社会走向"良治"。

五　存在的问题与未来展望

总的来看，玉门市融媒体中心经过数年的改革与发展，在平台建设、体制改革、社会服务与治理方面的成效有目共睹，在西部省份中比较突出。同时不可忽视，玉门市融媒体中心的建设发展过程也暴露出以下几个问题：

（一）各项综合服务的用户黏性不足

如前所述，虽然玉门市融媒体中心开通了200多项服务功能，但它们的打开率和使用率始终不高。实际上，这也是许多县级融媒体中心普遍遇到的难点问题。

对于玉门而言，具有时代底蕴的油田遗址与边塞风情的自然景观是自身的重要"名片"，在文旅、特产等方面具有资源优势。

但要想使得这些资源转化为本地生活服务的发展动力,不仅需要物理平台的搭建,更需要注重平台思维,找准用户需求,以有效手段培养用户黏性。课题组认为,玉门市融媒体中心可借鉴其他地区经验,发挥县级媒体扎根基层社区的优势,与各委办局合作,推出各类活动,形成对地域垂直用户的引流机制,以此增强用户黏性。

(二)经营性业务仍需进一步拓展

县级融媒体中心加强"自我造血"能力,是自身可持续发展的必然要求。目前,玉门市融媒体中心的经营业务主要内容包括新媒体创作、广告、数据服务三大块,其中广告和创作是较为传统的业务类型,数据服务则更多地依赖技术变现,无需业务人员过多的主观能动性。这些业务能够为融媒体中心带来常规收入,但要想打造融媒品牌,进一步扩大市场影响,还有待于开辟更具特色的营收渠道。

现阶段,不少县级融媒体中心依赖自身所处地区的文旅资源和特色产业,建立起"融媒+电商"、"融媒+直播"的经营模式,这可以为玉门市融媒体中心拓宽经营业务提供参考。具体来说,玉门市融媒体中心可考虑结合油田文化、"全国生态文明先进市"等地方名片,通过在线直播、文旅活动等,形成固定的品牌项目,吸纳社会资本的投入和群众关注,从而增强特色业务所带来的经营效益。

(三)农村广播网的"上行"机制有待探索

作为刚刚摘取贫困县"帽子"的地区,玉门市融媒体中心在建设和发展过程中还应做好对农村地区的"精准传播",进一步促进农村社会的信息化。鉴于城乡人口存在"数字鸿沟"的基本现实,单一的数字移动平台难以满足老年人口、文盲等数字弱势群体的需求。因此,玉门市融媒体中心重视广播等传统媒体在农村传播中的强大效能,较早地将广播播发网下沉到村组。

从目前的实践来看,广播有助于公共信息在农村的全面覆盖,尤其是在防疫期间,玉门市通过广播宣传,有效防范了新冠肺炎疫情在农村的扩散。但是,当下的广播播发网络仅是信息的"下行"机制,农村突发状况的"上传"渠道仍然有待开辟。只有实现农村社会动态与国家对农政策的双向互动,广播网络才能最大化地发挥自身在基层社会治理和服务中的价值。正如李增军在访谈中所说:"如果整个上传下达的农村应急广播体系建立起来,我们解决农村群众身边问题,应对各个村组的突发状况,就会更便利一些。"他表示,玉门市融媒体中心在接下来的工作中,将从资金、机制等方面完善广播网络建设,着力打通农村信息的"上行"渠道。

随着县级融媒体中心发展面临"建强用好"的新目标,玉门市融媒体中心在未来应该回应"增长性需求",增强用户黏性,拓宽经营业务,畅通社会治理的互动渠道。当然,要做到这些不光有赖于融媒体中心自身发挥主观能动性,还需要地方党委政府充分认识县级融媒体中心在基层社会服务与治理方面的重要角色,提供有力的资金、政策支持。

十一 深耕民生新闻，直播带货助农

——云南省富源县融媒体中心调研报告

受访者：龚　娴（云南省富源县融媒体中心主任）

访谈人：石力月　牟颖颖　柳　童　唐瑞雪　朱雅文

执笔人：石力月　牟颖颖

访谈时间：2021 年 8 月

云南省富源县地处云贵交界地带，素有"云南东大门"之称，是茶马古道、丝绸之路的重要驿站。全县面积 3348 平方公里，辖 9 镇 1 乡 2 街道、161 个村委会（社区）、1723 个自然村，总人口 84 万。①

富源县历史悠久、文化厚重，具有丰富的自然与人文资源。境内有建于明朝的胜境关，还有 2006 年全国考古十大新发现之一的、距今约 10 万年的大河旧石器时代遗址。富源县区位优越、交通便利，处于昆明、贵阳、南宁三个省会城市的三重辐射圈内，境内公路、铁路等交通网络较完善，沪昆高铁富源北站是沪昆高

① 《富源概况》，云南省富源县人民政府官网，http://www.qjfy.gov.cn/fuyuan/about/74.html，2021 年 10 月 10 日。

铁入滇的第一站。①

富源县已于 2020 年实现脱贫目标,并把乡村振兴作为新时代"三农"工作的总抓手,"加快农业农村现代化,推动一二三产业融合发展。聚焦脱贫成果巩固,开展'一平台、三机制'4 个专项行动和脱贫村提升行动,强化扶贫资产管理,实现脱贫攻坚与乡村振兴有效衔接。"②

此外,富源县于 2020 年开始推进社会治理现代化,"将治理单元延伸到户、治理责任落实到岗、治理事项具体到人、治理成效精准到点。横向上,以村(居)民小组为单位,根据村(居)民小组数、户数、人口分布情况,科学划分网格 3000 余个,实现治理网格全覆盖、无死角。纵向上,一竿子插到底,构建行政村(社区)、村(居)民小组、村(居)民户三级立体网格,推动县、乡、村、组、户'环环相扣',将治理网格深入到组、治理单元延伸到户。"③

2019 年以来,云南省以金融科技为支撑,推进"一部手机办事通"建设,并于 2019 年 1 月 10 日上线试运行。"从与群众生活紧密相关的主题办事出发,实现了'省、州市、县、乡镇(街道)、村(社区)'五级联通、一网通办。"④ 此外,富源县还积极推动数字经济加快发展,"大力推进'数字富源'建设,提升基础设施质量。实施 4G 网络补盲优化工程,加快 5G 网络基础设

① 《富源概况》,云南省富源县人民政府官网,http://www.qjfy.gov.cn/fuyuan/about/74.html,2021 年 10 月 10 日。

② 《2021 年政府工作报告》,云南省富源县人民政府官网,http://www.qjfy.gov.cn/article/description/10465.html,2021 年 3 月 17 日。

③ 《【党建】富源县创新实施党建引领"争星夺旗·联创共治"行动》,珠源先锋,https://mp.weixin.qq.com/s/s93n6ab_yV8om780KviR4w,2020 年 7 月 8 日。

④ 《彩云之南起春潮,数字云南树新篇——云南"一部手机万事通"屡创佳绩》,新华网,https://baike.baidu.com/reference/23660375/8986P6QUyl2N-HH9e5ngwnArq8a_x4uxIg9icS_ZpGTClY5jmEWmoVvNbo4uqkxIlUWzfqEHblVsDVF4B4hIaAcLyteUJbzARPw40j80pp7cDxll3zK1,2019 年 3 月 8 日。

施建设，实现4G网络自然村、5G网络县城重点区域全覆盖。建设数字化城市管理平台，实现城市运行'一网统管'。"①

一　融媒体中心建设基本概况

2019年4月4日富源县融媒体中心正式挂牌成立，是县委直属全额拨款的正科级事业单位，归口县委宣传部管理。

图1　富源县融媒体中心

融媒体中心领导班子由1位主任和4位副主任构成。中心设有办公室、总编室、新闻采访部、专题策划部、技术服务部、事业建设部、广播电视发射管理办公室7个机构（如表1所示）。需要说明的是，在台站建设方面，为了使得信号尽可能地覆盖全县，中心特别投资设立的白马山发射台被置于高山顶，因该选址距离县城稍远，中心特设广播电视发射管理办公室负责管理。此外，广播电视"村村通户户通"建设任务也属于富源县融媒体中

①　《2021年政府工作报告》，云南省富源县人民政府官网，http：//www. qjfy. gov.cn/article/description/10465. html，2021年3月17日。

心，其事业建设部就负责全县农村广播电视的传播任务。课题组认为，富源县融媒体中心在未来需要充分利用自身在基础设施、组织结构上的优势，推动新闻和服务进一步地深入广大农村地区，从而切实地做到引导群众和服务群众。

表1　　　　　　富源县融媒体中心机构组成及机构功能①

机构名称	机构职能
办公室	负责文秘、档案、组织人事、机要、保密、车辆管理、会务接待、财务、后勤保障、国有资产管理、党务、党风廉政建设、纪检监察、综治信访等工作；完成领导交办的其他工作任务。
总编室	负责融媒体中心年度和阶段性宣传计划及主题新闻的统筹策划；负责新闻稿件、影视节目播出的编排、审查、校对、监制、统计工作，确保刊播安全；负责节目引进、学术交流、作品评优，制订刊播计划；负责上下通联工作，抓好通讯员队伍。
新闻采访部	负责日常新闻采访和播音主持的安排，及时提供文字、图片、视频、同期声等新闻素材；执行总编室制订的宣传计划，对新闻爆料进行登记并及时处理，保质保量完成内外宣传任务，协助配合上级媒体和新闻单位到我县采访及其他工作，维护县内舆论安全。
专题策划部	负责策划组织实施大型专题活动及现场直播等工作；负责各类影视专题片（宣传片）的策划、拍摄和后期制作，拓展影视文化空间，组织创作各类广播、电视和新媒体作品，提高广播、电视和新媒体自办栏目、节目质量。
技术服务部	负责对各种运行设备和软件进行管理、维修、保养；负责对接政府部门技术平台，按照"媒体＋"的要求，实现政务服务功能，保证文字、图片、视频信息和节目有线传送及无线传送，针对各种特殊情况制定并执行相关预案。
事业建设部	负责制定全县农村广播电视建设实施整体规划和技术方案（含"村村通""户户通"工程建设；负责推进全县应急广播体系建设；负责地面卫星接收设施的安装，管理维护和维修等工作；负责广播电视技术工程的实施；完成领导交办的其他工作任务）。
广播电视发射管理办公室	负责广播电视无线发射设备的安装、管理、维护等工作；负责广播电视无线发射设备频率、频道的上报、年检等业务工作；负责白马山广播电视发射台机房的安全值守，制定并落实相关管理者制度，保障无线发射设备的正常运行；完成领导交办的其他工作任务。

---

① 《云南富源融媒体中心：融创新未来奋进新时代》，"学习强国"客户端云南学习平台，https：//article. xuexi. cn/articles/index. html？art_ id ＝18062219037373104889&t ＝1600915929590&showmenu＝false&study_ style_ id ＝video_ default&source ＝share&share_ to ＝wx_ single&item_ id ＝18062219037373104889&ref_ read_ id ＝2810d368-20ec-4a56-b923-81783ebc4832_ 1629588626334，2020 年 9 月 23 日。

二 平台搭建与流程再造

（一）基于广播电视系统，打造全媒体传播矩阵

富源县融媒体中心建设两年以来，将曲靖日报富源记者站、县电视台、县广播调频台、县广播技术工程办公室等机构整合为一，形成了"一报、一台、一微、一端、一个 App、三频道、四号"的全媒体传播矩阵。

据介绍，富源县融媒体中心依托原富源县电视台为主体进行融合，形成了富源县电视台、曲靖日报富源专版、富源县融媒体中心微信公众号、云南通富源党政客户端、"富源 M"手机 App、"富源融媒"抖音号、富源融媒体新华号、"富源融媒"快手号、富源发布头条号、七彩云端富源频道、曲靖 M 富源频道、"掌上曲靖"富源频道共 12 个平台。（如图 2 所示）

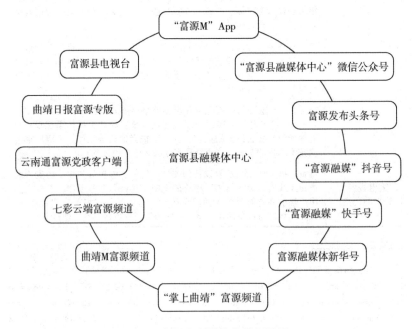

图 2　富源县全媒体传播矩阵图

近年来,富源融媒集中精力打造"富源 M"App,并以此为中心汇聚本县其他媒体资源,切实改变了县内媒体平台"各自散打"的情况,集中精力做大做强了县级媒体平台。"2020 年 8月 6 日、9 月 20 日,富源县融媒体中心先后通过省委宣传部组织的第三方技术系统测试验收和综合验收,最终被评定为优秀等次。"①

（二）对接省级统一技术平台,形成上下贯通的协作通道

富源县融媒体中心由新华社"现场云"、云南日报报业集团"智慧云"、云南广播电视台"七彩云"开发系列融媒体生产管理系统,逐步构建起"一体策划、一次采集、多种生成、全媒传播、互融互动、有效抵达"的融媒体制作生产流程与平台集成模式。

目前,融媒体中心已经完成高清制播能力建设,本地生产系统比较完善,但需要与省级统一技术平台"七彩云"进行对接,打通资源传输通道,"配置部分手机及 PC 终端,通过互联网专线访问云平台,完成媒体内容生产。融媒体指挥中心同样由'七彩云'平台提供后台软件程序和数据,本地建设大屏和控制工作站用于指挥调度内容呈现。"② 截至调研之日,融媒体中心发稿仍需先发布在省级"七彩云"平台,然后发布在市级"掌上曲靖"平台,最后发布在融媒体中心的"富源 M"App 上,尚未实现一键全平台发布的功能设置。

---

① 《【区县新闻】云南富源融媒体中心"融"成一盘棋"闯"出新天地》,"学习强国"客户端云南学习平台,https：//article. xuexi. cn/articles/index. html？art_ id = 14289578139853163985&t = 1606997800655&showmenu = false&study_ style_ id = feeds_ opaque&source = share&share_ to = wx_ single&item_ id = 14289578139853163985&ref_ read_ id = 2810d368-20ec-4a56-b923-81783ebc4832_ 1629588626334,2020 年 12 月 1 日。

② 毛祥威、金晶：《"七彩云"构建县级融媒体中心省级技术平台》,《现代电视技术》2019 年第 8 期。

图3　富源县融媒体中心指挥调度中心

在与上级平台的合作协同方面，富源县融媒体中心一方面与新华社、新华网、人民日报、人民网、中央广播电视总台、学习强国客户端、云南日报、云南广播电视台、曲靖日报社、曲靖广播电视台、曲靖新媒体中心等中央级、省市级媒体共同搭建合作平台，争取传播渠道、分发策略、技术辅助等支持。另一方面，"中央级—省级—市级—县级"四级媒体链条提供了自上而下贯通、与自下而上互动的社会治理新渠道，不仅能够使得县级平台的传播能力得到提升，而且能够使其借助上级平台更大范围地传播富源经济社会发展、民生、社会事业和生态文明发展状况。

（三）每周开展选题例会与工作总结，乡镇宣传委员助力报道下沉

据介绍，当下富源县融媒体中心已经形成每周开展选题例会讨论与工作总结的新闻宣传工作流程，并在会上制定相应目标。融媒体中心每周五下午召开编审会，会上主要进行如下议程：其一，富源县融媒体中心的4个副主任对分管工作进行安排；其二，

告知记者本星期县委政府中心工作，以及县域内老百姓迫切需求，明确本星期工作重点；其三，全中心一线记者及后勤人员均需上报选题，在审片室中投在投影仪上，共同讨论选题可行性，然后在下周一由融媒体中心主任总结最终选定的选题，并对记者进行分工，领到任务的记者立刻在县内开展新闻报道工作。融媒体中心新闻报道任务主要分为两大类：其一，做好本职宣传工作，报道县委县政府的中心工作。其二，对与老百姓生活相关的议题进行报道，即民生新闻。融媒体中心要求每组记者除了完成县委县政府中心工作的宣传任务之外，每个星期需要完成不少于两条民生新闻。在一周的新闻报道工作结束后，每周一再次通报进度与完成情况。

此外，富源县融媒体中心制作的优质新闻也能通过与上级平台的合作协同机制，在中央广播电视总台、人民日报、新华社、新华网等全国级平台上稿。随着近年来新闻报道的质量不断提升，富源县融媒体中心在上级媒体的上稿量也在不断增加，这能进一步提升中心的传播力。据介绍，也正因为如此，记者报道的积极性与各村镇参与的主动性也能有所提高。不少村镇甚至会主动联系融媒体中心前去采访报道。借助富源县各村镇党委班子均有宣传委员这一设置，中心派出的记者可以直接与宣传委员联系，并在其辅助下开展采访工作。不同的村镇情况差异大，宣传委员在某种程度上担当了"通讯员"的角色，能够使得融媒体中心的记者迅速了解村镇情况，提高采写效率和内容质量。

三 体制机制改革与创新

（一）政策倾斜与高校合作，共筑专业人才蓄水池

县级融媒体中心的发展需要人才，但富源县融媒体中心原有

编制紧缺，较大程度上影响了人才的吸纳。对此，县委县政府予以了倾斜扶持，将其他单位的编制额度适当削减分配至融媒体中心，并增设领导编制。据介绍，富源县融媒体中心由此增加了 10 个编制名额——由原来的 34 个名额发展至现在的 44 个名额。

此外，富源县领导对于融媒体中心人员的招聘提出只招考专业科班出身人员的要求，"专业的人做专业的事"是决定融媒体中心发展水平的核心要素。但是一方面，县城相较于一二线城市而言吸纳人才的能力比较有限，应聘人员多来自于本县及周边县市，且专业程度普遍不高。当然，融媒体中心为了解决这个问题，已与曲靖师范学院开展合作，共筑人才蓄水池。另一方面，一定程度上也由于中心的人才吸纳能力有限，事业编制人员工作量与工作压力都较大，但比之同级公务员的待遇却有不小差距，这种局面也容易影响人才队伍的稳定性。课题组认为，在现实条件有限的情况下，中心解决这个问题的当务之急是借助内外力量对员工开展多样化的专业培训，以持续提升其业务能力。

（二）主动争取财政投入，自建公司"造血"

富源县融媒体中心属政府全额拨款的公益一类事业单位。建设之初，政府总投资 960 万元，其中投入 350 万元建设技术平台，完成"中央厨房"指挥中心、演播室、虚拟演播室、审片室的建设；投入 240 万元，完成白马山广播电视无线发射台等工程建设；投入 220 万元改善办公环境；投入 120 万元购置直播系统、相机等设备。

除了政府财政投入之外，为了更好地盘活媒体资源，增强新闻媒体的"造血"能力，中心于 2020 年 1 月 1 日成立了富源县优视文化传媒有限公司。该公司是富源县城市建设投资集团有限公司的子公司，属独立国有企业，可实现创收。"公司成立之后，充分依托官方媒体平台的优势，全面盘活媒体资源，不断拓展公司业务经营范围,打响本地文化传媒品牌。公司实行全市场化运作,建立了与公司发展相适应的激励考核制度,媒体自我造血能力不断增强。"①

从全国来看,不少县级融媒体中心开设了公司,主要出于两个目的,一是在运行资金上实现"造血",为中心建设提供更多资金支持,富源县优视文化传媒有限公司带来的营收虽不能直接用于融媒体中心人员绩效,但可以用于购买专业设备,为中心发展提供硬件支持。二是可解决编制外人员的身份问题。富源县融媒体中心编制有限,以企聘的方式解决编外人员身份问题能够为中心发展积蓄更多人才,但目前编内编外人员职称评聘与绩效考核尚未打通,对人才的吸引力还比较有限。

此外,全额拨款的县级融媒体中心在全国来看不是少数,但各地政府的投入程度是不一样的。基于这一现实,富源县融媒体中心不断地提升自身影响力,以尽可能争取更多的财政支持。截至调研之日,中心获得的整体资金投入已达 1200 多万元,其中除中央统一拨款与当地的财政支持外,还包括融媒体中心主动向市县各个部门争取的财政资金投入。

(三) 完善职称评聘机制,打通人才晋升渠道

据介绍,由于富源融媒体中心营收不能用于绩效考核奖励中,当前融媒体中心的激励机制主要限于职称评聘,员工收入与职称直接挂钩。当前中心职称评聘需向全体员工述职,只有围绕自身具体工作,提供作品的数量与质量证明,才有可能获得职称晋升机会。课题组认为,这是职称评聘过程增加透明度的举措,能够一定程度地保证职称晋升质量。

---

① 《【区县新闻】云南富源融媒体中心"融"成一盘棋"闯"出新天地》,"学习强国"客户端云南学习平台,https://article.xuexi.cn/articles/index.html? art_id=1428957 8139853163985&t=1606997800655&showmenu=false&study_style_id=feeds_opaque&sour ce=share&share_to=wx_single&item_id=14289578139853163985&ref_read_id=2810d36 8-20ec-4a56-b923-81783ebc4832_1629588626334,2020 年 12 月 1 日。

不过,目前职称晋升对员工激励效果还比较有限。因为融媒体中心中高级职称名额有限,比例较低,仅占全体专技岗员工的15%,中级职称比例也只占45%。因此,课题组认为,中心未来还需要开拓更多的激励渠道,以切实增强激励效果,留住人才,吸引人才。

(四)社会服务与社会治理

据介绍,虽然富源县融媒体中心有开发社会服务与社会治理相关功能版块的想法,但目前受限于种种客观条件尚未实现。不过课题组认为,社会服务与社会治理不一定只能通过在 App 上直接设置相关功能版块来实现,新闻与政务、服务及商务的关系应该是相互协同,通过新闻报道也能够一定程度地实现公共服务、社会治理、商务赋能的功能,所以在新闻报道上下功夫是很重要的。

1. 立足本地新闻报道,打通内宣外宣渠道

据介绍,富源县融媒体中心每一至两个星期都会组织记者前往各个村镇进行新闻调查报道,每个村镇派驻两三个记者进行对接。除此之外,中心根据主题以及一些重要的时间节点先后制作了《鼓劲扬帆再出发》《网兴滇南胜境商惠魅力富源——富源县电子商务进农村综合示范项目纪实》等 30 余部专题片,开设《壮丽七十年奋进新时代》《健康富源》等专题专栏 40 余个。"仅一年时间进行了 10 余次现场直播,掌上曲靖富源频道、富源 M 等移动媒体客户端新闻阅读量'10W+'的非视频原创稿件 63 条;浏览量'1000W+'原创视频 4 条,浏览量'100W+'原创视频 13 条,'10W+'53 条。"[1]据资料显示,自成立以来,富源县融媒体中心各新媒体平台下载量、发稿量、浏览量都快速增

---

① 《中共富源县委宣传部 2020 年度工作情况报告》,云南省富源县人民政府网站,http://www.qjfy.gov.cn/article/description/9315.html,2020 年 1 月 8 日。

长，长期排在全市前列。

如前文所述，除了自身平台以外，富源县融媒体中心也十分重视上级各主流媒体平台的上稿量。2020 年《人民日报》转载富源新闻报道 2 篇，《云南日报》等省级纸媒（含《云南领导参考》《春城晚报》《云南经济日报》）23 篇；《曲靖日报》415 篇；中央电视台新闻 15 条，云南电视台新闻 50 条，曲靖电视台新闻 87 条。其中具有代表性的有，中央电视台播出的《云南富源：精准施策调结构企业订单不降反增》，及时报道了富源县贯彻落实党中央关于在疫情防控低风险地区推进复工复产的要求。还有中央电视台播出的《云南富 源侯佑林：返乡创业带动千人脱贫致富》，人民网刊载的《魔芋产业再发力乡村振兴添新力》，学习强国刊载的《镇村电商服务"小"站点孵化扶贫"大"产业》等，较好地宣传推介了富源县脱贫攻坚采取的新举措和取得的新成效。此外，《罕见！濒危生物"桃花水母"现身云南》不仅在新华网、人民网、中国国际电视台等媒体平台播出，还登上了抖音、人民日报微博热搜榜。① 各级媒体平台之间的打通使得县级融媒体中心的新闻报道获得了更大的传播空间，富源县的形象也得以向全国展示。课题组认为，县级融媒体中心的影响力与传播力不应仅仅依据自身平台来评估，而需要看到上级媒体平台所起到的"倍增器"效果，因此，县级融媒体中心应当一方面在新闻报道质量上狠下功夫，保证"酒香"；另一方面要加强与上级媒体的联系与合作，保证"巷子畅通"，这样"酒香"才可能飘向更广大的人群。

2. 重视基层舆情工作，多渠道同声传播

作为地方性媒体，县级融媒体中心的及时发声对于基层舆情

① 《中共富源县委宣传部 2020 年度工作情况报告》，云南省富源县人民政府网站，http://www.qjfy.gov.cn/article/description/9315.html，2020 年 1 月 8 日。

处置来说非常重要。富源县融媒体中心依据"党媒"为主、"自媒"为辅的原则，建立了稳定、迅速、有效的信息发布渠道。2020年新冠肺炎爆发初期，中心动员县内影响力较高的"富源微生活"微信公众号与党媒同发声，传递主流信息50余条，共同辟谣2次，起到较好的引导作用。据资料显示，2020年以来，富源县融媒体中心共监测并妥善处置了1252条负面网络舆情。① 此外，鉴于新冠疫情风险防控升级的状况，中心还及时把全县各级各部门抗击疫情的新闻信息通过"报网台、微端屏"播放和刊发，开设了"众志成城团结奋进抗击疫情"专题专栏，转载上级权威媒体内容781篇，为全县抗击疫情提供了精准的信息支持。

目前传统媒体还是面向广大农村地区的主要传播渠道，因此，疫情期间，融媒体中心精心录制了具有本地特色的疫情防控宣传音频，通过广播和流动宣传车广泛宣传，做到家喻户晓、人人皆知。据了解，未来富源融媒体中心计划着力打造一个智能化、精细化的应急体系网络建设，以借助网络管理的方式精准覆盖到每个村镇。

3. 社会服务与社会治理功能开发有限

据介绍，中心的平台中与社会服务和社会治理直接相关的目前只有"富源融媒"微信公众号开设的"在线挂号"功能，并仅对接到富源县中医医院这一家本地二甲医院。

究其原因主要有以下两点：首先，近年来云南省加大了"一部手机办事通"App推广使用力度，推动政务服务"一网通办"，以提升审批效率、压减审批时间。② 目前这一平台已开发出大量

---

① 《中共富源县委宣传部2020年度工作情况报告》，云南省富源县人民政府网站，http：//www. qjfy. gov. cn/article/description/9315. html，2020年1月8日。

② 《2021年政府工作报告》，云南省富源县人民政府官网，http：//www. qjfy. gov. cn/article/description/10465. html，2021年3月17日。

的社会服务与社会治理功能，"办事人通过身份验证登录后，即可一站式办理公安、住建、司法、税务、医保、人社、民政等多个部门的多个业务。"① 因此，融媒体中心在社会服务与治理上可发挥的空间比较有限。其次，据介绍，富源县融媒体中心"富源M"App 是依托市一级平台"掌上曲靖"开发的，但"掌上曲靖"主要是以发布新闻作为平台设计的出发点，没有为 App 上呈现社会服务和社会治理功能预留足够的空间。

不过据介绍，富源县融媒体中心的"富源 M"App 计划未来开发更多的相关功能以更好地实现社会服务与社会治理。

4. 玩转直播带货，助力本地农业发展

富源县特色产品丰富且质量较高，在农村发展电子商务除了需要在硬件上打通物流'最后一公里'之外，还要提高新媒体时代宣传效果的辐射效能。富源县融媒体中心举行助农直播带货活动，邀请相关委办局重要领导作为"带货主播"，形成"产地直销＋权威背书＋高性价比"的三重优势，为富源县特色产品的推广带来新思路，也使得本县及其他地区的用户能够不断加深对产品品质的信赖。

而融媒体中心商业功能的孵化是基于"新闻＋"而衍生的，本质上是通过"新闻＋"固定的受众群体注意力进行的传播。富源县融媒体中心举行直播带货活动，并十分看重产品推广对于本地农业发展的价值，以及产品本身的品质，采取直播对企业收费，对农民不收费的方式。

课题组认为，"新闻＋政务＋服务＋商务"四项职能之间需要彼此联动与打通，不能存在任何一环的断链，只有真正盘活与

---

① 《【我为群众办实事】还不赶紧安装"一部手机办事通"App！太方便了》，https://www.sohu.com/a/490044177_ 121119267，2021 年 9 月 15 日。

打通"新闻报道"核心业务、"社会治理"重要功能、"社会服务"独特优势、"商务服务"特色版块四类功能之间的有机联系，才能在当下要求"建好用强县融媒体中心"的基础上激发更大的活力。

图4　富源县融媒体中心直播带货场景

四　存在的问题与未来展望

目前，全国不同区域融媒体中心的发展程度相同，相较于一些全国样板，云南省富源县融媒体中心的现状是一些仍在起步阶段尤其是西部欠发达地区县级融媒体中心的真实写照，遇到的不少困难也是大家的共性问题。总结而言，富源县融媒体中心的困境主要有两点：资金不足和体制机制改革不足。

首先，尽管开设了经营性的公司，但本地经济发展水平对其"造血活血"的能力有所制约。公司的经营业务开展有限，获得的收益也比较有限，很难达成明显的"造血"效果。据介绍，富源县融媒体中心曾提出设想，从公益一类事业单位转为二类（财政差额补贴），但现实是富源县无法提供足够的市场容量，中心很难通过经营实现差额补足。

其次，体制机制的改革与创新本质上是围绕县级融媒体中心建设这一国家战略进行系列配套设计。但目前富源县融媒体中心推进改革的难度不小：第一，人才队伍建设方面，不仅受限于富源县的经济社会发展水平，而且由于缺乏更广阔的上升渠道以及有效的激励机制，即使招聘到了人才也很难留住。此外，商业公司能够为技术人才开出高额薪资，但富源县融媒体中心却无法支付同等薪资，进而在内容与技术两个方面都受到了一定的制约。第二，打造省级统一技术平台是国家建设县级融媒体中心的统一要求。课题组在调研过程中发现，省级统一技术平台的使用程度与其在县级融媒体中心建设中发挥的作用取决于其可实现的功能和提供的服务等。据介绍，目前省级统一技术平台对富源县融媒体中心各方面的支持还比较有限。

因此，富源县融媒体中心未来需要多管齐下，一方面积极争取政策、资金等各项支持；另一方面也需要将每一份支持落到实处，不断地生产优质内容，提升传播力与影响力，这样才可能争取到更多的支持。困境不可能一步解决，但需要首先找准突破口，继而突出特色与亮点，带动整个生产系统活起来，这可能是使得融媒体中心良性运转起来的关键。

十二　链接你我、与城共生：打造传播、发展与治理的"生态级"融合

——江苏省溧阳市融媒体中心调研报告

受访者：宋玲园（女，汉族，溧阳市融媒体中心党委书记、主任）

访谈人、执笔人：陈　一　赵华健

访谈时间：2021 年 9 月

　　溧阳，隶属江苏省，是由常州市代管的县级市。溧阳市位于江苏省西南部，地处长江三角洲，与苏、浙、皖三省接壤，素有"鸡鸣醒三省"之说，自秦时建县制以来，已有 2200 多年的历史。溧阳 1990 年撤县设市，市域面积 1535 平方公里，总人口约 80 万，现有国家级旅游度假区（天目湖旅游度假区）1 个，省级高新技术开发区（江苏中关村科技产业园）1 个、省级经济开发区（溧阳经济开发区）1 个，省级旅游度假区 1 个（曹山旅游度假区），辖 9 个镇、3 个街道。"2020 年，溧阳实现地区生产总值

1086.36 亿元，按可比价计算增长 4.6%。"① 公共财政预算收入达 73.8 亿元；城乡居民人均可支配收入达 4.47 万元；成功入选全国农村宅基地制度改革试点城市、国家级新型城镇化建设示范县城；创成全国文明城市、全国"绿水青山就是金山银山"实践创新基地、国家全域旅游示范区；位居"2020 中国县级市全面小康指数百强"第 19 位。②

　　2017 年 8 月，溧阳市被江苏省广播电视局确定为 4 家县级媒体深度融合试点之一。根据发展规划，以建设广播电视台新址为契机，按照媒体深度融合和《县级融媒体中心建设规范》的要求，以数字化、网络化、高清化等代表融媒体技术发展方向的新理念，投资 3.7 亿元实施媒体融合一体化建设，并搭建以"荔枝云"为依托的全媒体内容生产平台。在县级融媒体中心建设的顶层设计上，溧阳除了将报纸、广播电视两个机构职能进行整合，还融入了原属文旅局的锡剧团、原属工信局的智慧城市客户端和原属城管局、城发集团的城市公共广告等文化传媒资源，从而打造出"大融合"的溧阳模式。

一　融媒体中心建设基本概况

　　自 2018 年以来，按照《县级融媒体中心建设规范》要求，溧阳市投资 4500 多万元进行融媒体一体化技术建设，高标准打造融媒体中心，搭建以"中央厨房"为核心的全媒体内容生产平台。溧阳广播电视台和新闻信息中心（溧阳时报）分别于 2019 年 6 月、8 月完成整体搬迁，合署办公；9 月 25 日，溧阳市融媒

---

① 2020 年常州市溧阳国民经济和社会发展统计公报，http：//www. changzhou. gov. cn/ns_ news/691617358653058，2021 年 4 月 2 日。

② 溧阳概况，溧阳市人民政府（liyang. gov. cn），2021 年 8 月 18 日。

图1 溧阳市融媒体中心办公大楼

体中心挂牌，完成"物理融合"。2020年4月，溧阳市委市政府出台《关于进一步推进溧阳市融媒体中心建设的意见》，组建溧阳市融媒体中心和溧阳市传媒集团，将溧阳市广播电视信息网络有限公司划归溧阳市传媒集团管理。溧阳市传媒集团由溧阳市融媒体中心管理，负责提升产业经营的发展质态，拓展经营媒体广告、影视文化、教育培训、电子商务、智慧城市、会展服务等传媒衍生产业，确保国有资产保值增值，补充融媒体发展所需经费等。

（一）领导班子基本情况

根据《常州市委编委关于整合组建溧阳市融媒体中心的批复》（常编〔2019〕46号）和《关于进一步推进溧阳市融媒体中心建设的意见》（溧委办〔2020〕22号）精神，溧阳市融媒体中心核定领导职数2正5副，其中主任（书记）1名、总编1名；副书记1名、副主任4名。

（二）内设机构设置及职责情况

根据《溧阳市融媒体中心职能配置、内设机构和人员编制规定》，溧阳市融媒体中心为市委直属公益二类事业单位，挂"溧阳广播电视台""溧阳市锡剧团"牌子，差额拨款，机构规格为正科级，归口市委宣传部管理。溧阳市融媒体中心以增强动力、激发活力为目标，建立"行政服务、策采编发、产业发展"三大符合融媒体运行特点的组织架构。

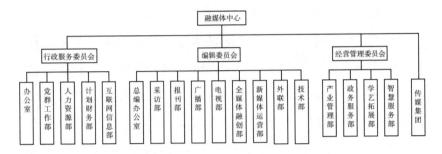

图2 溧阳市融媒体中心运行体系和内设机构

（三）工作人员基本情况

溧阳市融媒体中心现有员工 272 人。按照人员性质分类，其中在编人员 148 人，编外用工人员 124 人。从年龄结构上来看，25 岁及以下 14 人，26—35 岁 86 人，36—45 岁 56 人，45—55 岁 76 人，55—59 岁 40 人。从学历结构来看，研究生 3 人，本科 135 人，大专 73 人，高中及中专 53 人，高中以下 8 人。

（四）经营发展情况

溧阳市融媒体中心 2019 年度总体收入为 5421 万元，其中财政拨款 3017 万元，经营收入 2404 万元；总支出为 5605 万元，其中人员经费 3305 万元，日常公用经费 2300 万元。媒体融合后，2020 年经营收入 5140 万元，比 2019 年翻了一番多。

二 平台搭建与流程再造

溧阳市融媒体中心将本地技术系统与以江苏省广播电视总台

为主导的省级平台"荔枝云"充分整合,利用"荔枝云"平台整合生产全业务流程,搭建起以"融媒体指挥中心"为核心的全媒体内容生产平台。[①]

(一)对接"荔枝云"融合媒体平台

本地技术系统与省级统一技术平台"荔枝云"平台充分整合,打破了广播电视、报纸、新媒体各自独立的生产业务流程,打造生产全业务流程,形成一个完整的融合媒体生产发布平台。平台实现了多来源汇聚、多媒体生产、多渠道分发的互联网化、移动化的工作模式。溧阳市融媒体中心按照"实战、实用、实效"原则,加快推进"融媒体中央厨房"建设,从打造主流舆论阵地出发,重构策采编发网络,再造策采编发流程,建立具有集中指挥、采编调度、高效协调、信息沟通等功能的全媒体内容管理系统,融合报、台、网、端、微、屏等各种媒介资源,实现从线索汇聚、选题策划、协同采编制作、内容统一分发到舆情分析、数据挖掘、大屏展示的闭环业务流程。

在整合传统媒体资源的基础上,溧阳市融媒体中心建立起"三微一网一端"——"中国溧阳"微信公众号、"溧阳发布"微博、"融溧阳"微视频号、"溧阳时空网"以及"自在溧阳"App,并代运行镇(区)、部门20多个微信公众号,建立微信集群,形成新媒体首发、全媒体跟进的全方位、立体化、协同化传播模式,提升媒体品牌影响力。目前,"自在溧阳"App注册用户超32万,日活跃用户数量3万多户。

(二)打破媒际壁垒,推动流程融合

溧阳市融媒体中心基于"中央厨房"建设,整合采编力量,

---

① 方咪、葛朝霞:《基于省级技术平台的县级融媒体中心系统建设与实践》,《广播电视信息》2021年第3期。

实施组织重构，推动报纸、电视、广播、网站、客户端在重大主题新闻生产中各环节的融合和重大主题报道在内部的融合，实现从记者线索获取、内容采集、生产初级新闻产品到编辑深加工、重新排列组合、生产出适应各种终端的新闻产品，实现新闻资源一次采集、多次生成、多重发布。

目前，围绕"自在溧阳"App 为中心的新闻生产模式已经建立起来，具体表现为：一是以 App 为内容生产和传播的中心，所有内容先安排上 App，然后经过改编由其他融媒体平台发出，最后经过再精编由各种传统媒体平台播发。二是以 App 为各类资源部署和传播效能考核的中心，推进新闻生产的"化学融合"、工作人员的"心灵融合"、融媒体中心与外部单位的"业务融合"。

同时，在移动直播和线上活动奋力抢占赛道，提升主流媒体在新媒体舆论场的"四力"。自 2020 年 4 月以来，完成"企业家焦尾琴沙龙""杨家山土墩墓群考古""庆丰稻田音乐节"等 80 多场直播活动，实现了由"固定机位直播"到"现场移动直播""演播室嘉宾访谈＋新闻现场场景直播""多点位多通道直播"和"图文、短视频互动直播"。在各类重大活动报道中，突出"移动优先"，整合微信公众号、视频号、客户端、抖音、头条等多个平台资源，以现场云滚动直播、H5、微视频、一图解读等不同表现形式，实时、快速、全面、深入呈现"两会"进程，提升了时政报道的"时、度、效"。

课题组认为，在与"荔枝云"融合之后，溧阳市融媒体中心具备了较强的媒体融合的生产能力，基本形成了高效融合生产的工作模式，稿件使用率、新闻条数等都有大幅提升，解决了原有平台存在的一些问题。当然，媒体融合向纵深发展刚刚启程，溧阳市融媒体中心还要再进一步与"荔枝云"平台深度融合，在坚持移动优先上下功夫，在内容文化内涵方面求突破，持续做好融媒体建设文章。

三 体制机制改革与创新

溧阳市融媒体中心建设被列为全市重点工作，在机制、资金、人才等方面得到了一定支持。解决好历史遗留问题的同时，溧阳市融媒体中心采取一系列措施深化改革，如对绩效考核办法进行改革，试行"事业单位性质、企业化管理"薪酬制度；将新增运行维护经费纳入财政预算；争取到户外公共广告特许经营政策；将媒体融合急需人才纳入《溧阳市事业单位紧缺专业人才引进实施方案（试行）》等。

（一）逐步完善体制机制建设

首先，建立评价机制，提升单位绩效管理水平。建立与岗位职责、工作业绩、实际贡献紧密联系的分配激励机制。按照工作岗位职责划分行政管理、新闻采编、技术事业、产业经营、后勤保障五类岗位，每类岗位再按技术含量、责任大小、劳动强度、工作质量等维度设置考核等级。其次，规范人事管理，优化人力资源配置。理顺工作人员的人事和劳动关系，实行分类管理、科学设岗，逐步实现从身份管理转向岗位管理。探索实行管理职位与专业技术职位并行的人员管理机制和薪酬体系，充分调动人员的工作积极性。再次，健全分配制度，建立有效激励机制。适应融媒体事业发展要求，体现量化考核、多劳多得的分配导向，逐步建立统一的薪酬结构，按岗定薪，合理确定薪酬水平，加强内部绩效考核，考核结果与激励机制挂钩，合理拉开内部分配差距，真正体现多劳多得、优绩优酬。最后，坚持量力而行，合理制定增长机制。综合考虑规范化建设进度情况、年度目标任务完成情况、年度财务收支状况、人员收入平稳过渡等因素，建立健全薪酬水平稳步有序增长的机制，妥善处理不同岗位、人员之间收入分配关系。

（二）外引内育的人才孵化模式

首先，在人才引进方面，溧阳市融媒体中心与二更、北京七展、南京城墙砖三家国内头部媒体和制作团队探索成立合资公司、品牌工作室，打造县融人才孵化器和创新实践中心。融媒体中心为他们提供办公场所、人才公寓和市场资源，安排人员跟班学习，一起工作、成长，解决县融人才紧缺的瓶颈困境。其次，在人才队伍建设上，溧阳市融媒体中心加强融媒体业务管理和人才队伍整合，以及新媒体、新业务等岗位人才的招聘和引进。立足融合后的人力资源优势，制订人才培养计划，通过实战练兵、岗位培训、专家指导等多种形式，不断强化人才队伍综合素质和能力水平，推进人力资源全面转型。强化政治意识、服务意识、精品意识，开展增强"四力"的学习教育活动，引导采编人员"镜头向一线转，笔头为一线写"，培养一批"提笔能写，对简能讲，举机能拍"的全媒体复合型记者。最后，试行薪酬制度改革。溧阳市融媒体中心坚持政府"输血"和自身"造血"双管齐下，在提高经营创收能力的基础上，建立向一线倾斜的分配激励机制，调动从业人员主动性、积极性，增强归属感。

溧阳市融媒体中心在体制机制建设、人才培养等方面采取了一系列改革措施，以适应融媒体中心建设与发展的需要。但实际上，县级基层单位能够为专业技术人员提供的薪资待遇、发展机遇和生活环境等整体条件的能力是有限的，因此在工作中很难长期留住优秀人才。课题组认为，溧阳市融媒体中心建设刚刚启程，除了制定相关的体制机制改革措施以外，还应不断提升融媒体中心自身竞争力、采取灵活多样的用人机制等。

四　社会服务与社会治理

在做强新闻宣传的基础上，溧阳市融媒体中心运用"互联网＋治理"模式，通过政务信息公开、政务服务集成、政民在线互动等形式，用信息化手段反映群众诉求，打通政策落地的难点堵点，逐渐成为基层社会治理不可或缺的一环。通过调动地域资源与机构体制改革，拓展政务服务、公共服务以及商务服务的内涵外延，溧阳市融媒体中心连入地方的产业发展链、政务服务链、生活服务链，更好地服务于社会发展与百姓生活。

（一）升级"自在溧阳"App，扩展"媒体＋"综合服务

溧阳确立全市只能有一个官方客户端的思路，将隶属于市工信局、只有单一服务功能的智慧城市客户端"自在溧阳"App融入溧阳市融媒体中心，由融媒体中心运行并升级改版，在智慧政务、智慧民生、智慧生活等功能的基础上，不仅增加了"看电视""听广播""读报纸"等传统媒体版块，更大量增加了"学习强国""文明实践""融发布""直播""短视频"等新闻内容，把传统媒体长久以来积累的内容生产优势、信息传播优势与新媒体技术优势进行深度融合，实现"信息传播"与"公共服务"的"双融合"，用户数由改造前的21万增加到目前的32万，日活跃用户由原来2千多提高到3万多。溧阳市融媒体中心依托智慧城市建设，强化"自在溧阳"App的行政办事、企业信息查询、生活缴费、电子商务、社交互动等与市民生活密切相关的便民服务功能，为市民、企业、政府提供全方位公共服务，实现"信息传播"与"公共服务"的"双融合"。

在"荔枝云"的支持下，"自在溧阳"App加强与本地政府机构、企事业单位的协作，推进"跨界"运作，有效集纳新时代

文明实践以及智慧政务、民生服务等功能。比如，在 2020 年疫情防控的关键时刻，"自在溧阳"App 运用平台技术优势，联合本地药房，开发推出平价口罩"线上预约、线下购买"服务，实现线上预约口罩超过 280 万只，降低了本地居民因线下排队聚集所带来的疫情风险。疫情期间，溧阳市融媒体中心自主开发服务"三农"的惠农网络平台，同时"融溧阳"微信公众号开设"我是栗小农"栏目，充分利用线上渠道，帮助农户和农企销售农产品。针对企业招工难问题，溧阳市融媒体中心纵向联合人社部门，推出"职等你来"直播送岗节目，邀请企业走进直播间，将急需招聘岗位通过广播、短视频、线上直播等方式推介给广大求职者。横向跨省与安徽省临泉融媒体中心合作，共同开设《临泉人在溧阳》全媒体宣传栏目，全面报道临泉籍务工人员在溧阳的工作、学习、生活情况，招工引匠，服务发展。

（二）探索"新闻＋商务"运营模式，延伸"融媒＋服务"产业链

与此同时，溧阳市融媒体中心充分发挥市场机制作用，增强主流媒体的市场竞争意识和能力，通过建设和不断完善"新闻＋商务"的运营模式，进行产业的多元布局，不断向文旅、会展、大型活动等多领域进行拓展。溧阳市融媒体中心对政务、商务活动进行一体策划、多端包装、立体发布等全方位营销，提供"打包服务""个性化菜单定制服务"等多形式服务，增强"＋服务"品质，放大"＋服务"效应，积极拓展、延伸"融媒＋服务"产业链。依托音视频、图片、文字等资源，尝试"融媒＋设计"，承接了市住建局、市纪委、南渡镇多个展馆、展厅设计项目；依托锡剧团的经营潜力，开展"融媒＋演艺""融媒＋会务""融媒＋活动"等服务，一年来承办了"白茶开采节""诗歌里的溧阳"音乐诗会、"重大项目集中开工仪式""戏曲文化周""镇

（区、街道）锡剧周周演"等演艺、会务、会展及活动 30 多场（个），成为产业拓张、经营增值的一个最大版块。溧阳市融媒体中心还与天目湖旅游度假区合资成立江苏天目湖文化传媒有限公司，全面承接天目湖品牌推广运用、旅游文创产品设计、特色田园乡村建设和景区夜经济打造，积极打造文化传媒产业转型升级发展新格局。

课题组认为，通过与本地政府机构、企事业单位的协作，"自在溧阳"App 有效集纳新时代文明实践以及智慧政务、民生服务等功能，用户的体验也在 App 平台的不断升级中逐步提升。但中心还应积极实施下沉战略，让服务功能建设进一步下沉到区、街道、农村，能切实解决老百姓的实际需求。另外，还可以进一步探索如何建设突显溧阳特色的"党建"品牌或其他智慧城市项目。

五 未来展望：打造传播、发展与治理的"生态级"融合

作为江苏省首批、常州首家县级融媒体中心建设试点单位，溧阳市融媒体中心通过改革创新，打破媒际壁垒、门户限制和县级思维，在平台建设、体制改革、社会治理与服务等方面都做出了一系列积极探索，不断推动媒体融合深入发展，取得了显著成效。媒体融合"永远在路上"，溧阳市融媒体中心在未来建设与发展中还要处理好以下几个问题。

（一）进一步实现移动优先、链接你我，优化基层传播

从疫情防控到复工复产，从"六稳""六保"到"国内国际双循环"，从重大项目突破到各项全国试点工作，从脱贫攻坚到全面小康，从生态创新到全面落实习近平总书记视察江苏重要讲话指示精神，各种主题报道、典型报道、系列报道全面开花，充

分展现了习近平新时代中国特色社会主义思想在溧阳落地生根、开花结果的生动实践。建议溧阳市融媒体中心按照"传播中央精神、传递溧阳精彩"的要求，努力做好有深度、有温度的新闻。

（二）平台开放、与城共生，创新融媒服务

2020 年疫情防控的关键时刻，"自在溧阳" App 运用平台技术优势推出平价口罩"线上预约、线下购买"服务。2021 年春季，"自在溧阳" App 开发出"核酸检测在线预约和查询"与"来溧人员自主申报"功能；在疫情缓解后，又开发了服务"三农"的惠农网络平台，帮助农户和农企的农产品销售。2021 年 6 月 1 日伴随着"自在溧阳" App 再度升级，"电动溧阳"版块正式上线，符合条件的新能源汽车车主只要点开按钮，按提示步骤操作，即可在线申请补贴、享受优惠。溧阳是中国的"吊装之乡""电梯安装之乡"，同时特色乡村建设也在国内领先，建议中心进一步紧扣地方发展的重点，将中心的发展融入地方的产业和产业链，多功能设计和多元化经营，不断开拓新的服务市场和服务人群，持续推动创收转型。

（三）技术赋能、追求品位，厚植地方文化

2021 年春节期间，溧阳市融媒体中心推出了《"云上"过大年，一起向前"犇"》24 小时跨年图文直播，这在全省乃至全国的县级融媒体中心中都是少见的尝试；与新华社联合制作的短视频《非凡之年》登上新华社《温度》栏目，一天时间点击量就超百万。2020 年 6 月 13 日，在世界文化和自然遗产日当天，中心举办了"杨家山土墩墓群考古现场直播"，相关作品荣获 2020 年江苏省县市融媒优秀作品一等奖。为庆祝中国共产党成立 100 周年，中心制作了百集微纪录片《水西百忆》，运用"沉浸式""档案式"艺术表现手法，通过实景搭建、线上线下互动、现场讲述与历史影像相结合的形式，生动还原当年新四军在溧阳战斗、生活的场景，再现这段撼人心魄的红色历史。优秀传统文化、地方红色文化、当代先进文化，是城市形象和市民精气神的集中体现。建议以技术赋能彰显地方文化生态，让溧阳融媒走得更稳、传得更远。

图3　2021年5月，溧阳市开展百集红色微纪录片《水西百忆》进影院活动

十三 内容优,资金难：边疆地区县级融媒发展的成果与困难

——新疆维吾尔自治区伊宁市融媒体中心调研报告

受访者： 杨 林（伊宁市融媒体中心党组书记、主任）

访谈人、执笔人： 陈 一 赵华健 葛家明

访谈时间： 2021 年 9 月

伊宁市位于祖国新疆西北边陲，地处伊犁河谷盆地中央。东连伊宁县，西邻霍城县，南濒伊犁河与察布查尔锡伯族自治县隔河相望，北依科古尔琴山。市中心海拔 639 米。伊宁市古称宁远，始建于 1762 年，为清代伊犁九城之一，1952 年经国务院批准正式建市，是伊犁哈萨克自治州的首府城市，国家历史文化名城。伊宁市市域行政辖区总面积 644.01 平方公里，截至 2020 年底，建成区面积 122 平方千米，南北长 52.08 千米，东西宽 35.5 千米。2019 年，伊宁市实现生产总值 272.9 亿元，较上年增长 6.6%。2020 年伊宁市公共财政预算收入完成 26.04 亿元，同比增长 10.8%。① 伊宁市

---

① 2020 年伊宁市公共财政预算收入增长 10.8%，http://www.yining.gov.cn/info/1004/28425 5.htm#，2021 年 1 月 22 日。

现辖 5 乡 4 镇 2 场、8 个街道办事处，有维吾尔族、汉族、哈萨克族、回族、蒙古族、锡伯族、乌孜别克族、俄罗斯族等 37 个民族。① 2019 年，伊宁市入选第四批中央财政支持开展居家和社区养老服务改革试点地区名单，2019 中国西部百强县市。②

一 融媒体中心建设基本概况

伊宁市融媒体中心在原伊宁市广播电视台基础上组建而成，广播电视台始建于 1992 年 12 月 26 日（2008 年迁入现址），是融合之前伊宁市最主要的主流媒体窗口。除此之外，当地原先还有伊宁市广播影视译制中心、市委宣传部下属的"伊宁宣传"和"伊宁市零距离"等主流媒体组织。当时这些窗口较为分散，机构壁垒明显，传播影响力无法提升，因此进行媒体融合十分必要。

2019 年伊宁市被确定为中宣部重点联系的县级融媒体中心建设试点城市，同年 5 月启动融媒体中心改造工程。8 月伊宁市编委下文整合原伊宁市广播电视台、广播影视译制中心、"伊宁宣传"、"伊宁市零距离"等多个媒体机构，组建伊宁市融媒体中心，定级为市政府直属正科级事业单位，由市财政全额拨款，归口市委宣传部领导。中心成立前期，单位上下着力解决人、财、事、物等基础性重难点问题，结合市委市政府的相关要求和自身实际，按照事随"融"走、编随事走、人随编走的原则，建立起统一调度、内容丰富、高质高效的宣传工作平台。融媒体中心现有职工 118 人，其中在编人员 51 人，市级聘用制人员 67 人，初步打造了一支能够胜任融媒时代新闻生产、平台运营与组织管理

---

① 伊宁市，http：//www.xjyl.gov.cn/info/1715/316123.htm，2019 年 9 月 18 日。
② 城市荣誉，http：//www.yining.gov.cn/info/1005/27313.htm，2020 年 7 月 23 日。

的人才队伍。中心党组班子成员 3 名,中心下设党支部 1 个,党小组 3 个,现有党员 42 人,支委成员 5 名。下派喀尔墩乡花果山村和东苑社区"访惠聚"工作队 2 个。中心在喀尔墩乡花果山设有广播电视发射站 1 座,塔高 150 米,占地 5 亩。在此基础上,伊宁市融媒体中心努力朝着"建强用好"的目标迈进,坚持"创优"精神,成立了"师文娟融媒工作室",重点打造优质融媒体新闻产品。该团队目前共有 9 人,含高级职称员工 1 人、伊犁州级青年科技英才 1 人、伊宁市优秀人才 1 人、伊宁市高层次紧缺引进人才 1 人,所产出的作品连续两年获得全国广电融媒评选的"年度优秀手机台"奖、新疆广播电视优秀节目二、三等奖、自治区网信办新媒体竞赛传播奖、伊犁州新闻职业技能大赛新媒体奖等荣誉。

图 1　2021 年 7 月,党史学习教育中央第十指导组组长魏大鹏(前排右一)和时任自治区党委常委、宣传部部长田文(前排右二)来融媒体中心考察

伊宁市融媒体中心党组书记、主任杨林通过几年来的融媒体建设与发展工作经验,总结了"融合发展的三种思维之变":一是从"广电思维"到"互联网思维"；二是从"官媒思维"到"用户思维"；三是从"宣传思维"到"服务思维"。① 目前，伊宁市融媒体中心正结合上述"思维之变"与上级的相关指导性意见，进行深化发展。

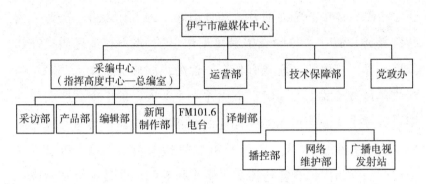

图 2　伊宁市融媒体中心组织架构图

二　平台搭建与流程再造

（一）依托"石榴云"，打造"移动优先"模式

2016 年，为适应日益增长的互联网用户需求，改变广播电视用户开机率低、收听收看率下降的现状，伊宁市广播电视台与山东省一家互联网技术公司合作，建立了"智慧伊宁手机台"App（后更名为"伊宁好地方"），作为移动传播的窗口投入使用。2019 年 12 月 13 日，伊宁市融媒体中心结合上级要求，将"伊宁好地方"App 接入新疆日报社"石榴云"技术平台，依托"石榴云"的采编生产管理系统，建立起以"伊宁好地方"手机客户端为核心的全媒体采编流程，初步形成了集约高效的内容生产体系

①　系被访谈对象在地方工作会议上的发言内容，材料由被访谈对象提供。

和传播链条。"石榴云"平台为伊宁市融媒体中心带来的利好主要体现为以下两点：一方面，打破了传统媒体的内容生产与发布模式，融媒体中心采编人员的新闻生产实践以移动端为主，每日"早编会"上的选题策划、采访计划、编辑制作、审核发布、传播效果评估等各项工作都遵循移动优先、兼顾电视广播等传统媒体的原则；另一方面，新闻资源得以共享，实现了"一次采集、多元生成、多渠道传播"。

除"伊宁好地方"App外，伊宁市融媒体中心还开设了"伊宁市零距离"微信公众号、"伊宁广播101·6"微信公众号、"伊宁市融媒体中心"抖音账号、微博账号、央视频移动账号、企鹅号、今日头条号、快手号等。新媒体账号每日更新信息180条，其中编辑转载中央、自治区信息150条左右，伊宁市自采自编30条左右，新媒体全平台拥有注册用户40万以上，日活用户2万余人，这在西部地区是比较突出的。课题组认为，虽然以新媒体平台为核心的"移动优先"理念已经成为大部分县级融媒体中心的常规理念，但在伊宁这一边境少数民族聚居地区，它尤其具备突破性意义，这体现在它打破了传统媒体内容生产编发的"时间线"，能够切实抢占"第一落点"，及时回应边境社会热点事件，有助于培养自治区基层媒体的舆情反应与治理能力。

（二）守土有责，实现对各民族群众的"精准传播"

地处边疆，服务好多民族群众是伊宁融媒体中心的重要功能。正是考虑到这一点，伊宁市融媒体中心对广播、电视等传统媒体的内容生产并未偏废，保留了2个广播频率（101.6MHZ汉语广播、86.5MHZ维吾尔语农村广播）和2个地面无线数字频道（40CH、44CH）。其中，伊宁市融媒体中心开办的《伊宁新闻》电视新闻维汉语累计同步播出16530小时；FM101.6MHZ自办栏目共10个，日直播量达10.5小时；维吾尔语农村广播开办自办

图 3 "伊宁好地方" App 首屏截图

栏目 20 个，日播出量达 5 小时；广播电视节目实现 24 小时不间断播出。

　　除了广播与电视两大传统媒介，伊宁市融媒体中心还十分重视打造少数民族语言的文化内容生产平台，以伊宁市广播影视译制中心为基础，并加强与新疆少数民族译制中心沟通与联系，将

图4　伊宁市融媒体中心的工作人员在为少数民族语言的节目配音

国内外经典影片翻译成为维吾尔语，供当地少数民族群众观看。中心还与哈萨克斯坦的26频道、伊犁哈萨克自治州的译制中心、中影集团等机构合作，参与译制了电影"功夫瑜伽""狼图腾"等影片并参加2017年哈萨克斯坦"中国电影展"。无论是在移动端，还是在传统的电视频道，百姓均能收看这些影像，实现了文化与媒介渠道的双覆盖。同时，伊宁市融媒体中心购置了一套少数民族语言的采编播系统，用以支撑针对少数民族的新闻内容生产，相关作品在移动端与传统媒体端均有播发。为了与汉语栏目进行明显区分，增强少数民族群众的用户黏性，伊宁市融媒体中心党组书记、主任杨林计划未来在"伊宁好地方"App下单独开辟一个维语栏目，以便少数民族同胞更加便捷地获取本民族语言的信息。

　　课题组认为，生产与传播地方主流新闻资讯和文化类产品是县级融媒体中心所能发挥的独特优势，这势必要求融媒体中心兼顾"边疆"与"民族"两大特点，对不同数字媒介素养、知识背景与民族文化的群众均做到精准传播。伊宁市融媒体中心在融合发展的过程中，既没有偏废传统媒体平台，也没有忽视少数民族聚居区的文化差异性，而是对这些群体积极实行差异化的精准传播，从而更大限度地增强自身影响力。

三　体制机制改革与创新

伊宁市融媒体中心是市政府直属的公益一类事业单位，全员工资由市财政包干，当地政府通过购买服务的方式为融媒体中心常规业务提供资金支持。但 2018 年以来，伊宁市财政的公共预算逐年缩减 3.5%—5%，使得单纯依靠财政支持的机制面临潜在风险，长此以往将不利于媒体组织与内部职工的生存与发展。因此，伊宁市融媒体中心近年来不断深化体制机制改革，尤其是在资金来源、绩效考核、团队建设方面努力突破壁垒，进行了一些创新尝试。

（一）优化资金来源结构，不断拓展"自我造血"途径

据杨林介绍，伊宁市融媒体中心目前的资金来源主要包括中央支持地方公共文化服务体系建设补助资金、江苏省对口支援新疆伊犁州项目资金和市财政投入资金。其中，近几年每年中央拨发的建设性补助资金和市财政提供的融媒体中心基本运行经费约 200 万元，江苏省对口援建资金 100 万元（2021 年 50 万元，2022 年 50 万元设备更新改造专项资金）。这些经费能够有效支持融媒体中心的常规运行与业务开展，但从长期发展来看，既有资金仅能保证"存量"，要想在提升员工待遇、优化平台结构、生产优质内容等方面持续"做增量"，仍有待于上级机关的政策倾斜。因此，2021 年伊宁市融媒体中心向市委市政府积极争取，将融媒体中心的年运营经费纳入财政预算，每年拨付专项补助资金，并

将年度绩效奖励资金划拨至融媒体中心实行二次分配。

除此之外，伊宁市融媒体中心还不断争取拓宽"自我造血"的途径。中心主要负责人通过递交当地深改委方案材料，建议鼓励市直机关、企事业单位对自身所需的宣传产品以市场化方式交由伊宁市融媒体中心生产。融媒体中心还将以"伊宁好地方"客户端、抖音等为平台，强化直播运营理念，做强联办栏目、活动直播、主播带货等业务，以此来增强自主经营能力。当然，在"公益一类"的单位属性之下，这种"自我造血"最终还需要遵循"收支两条线"的要求，因此融媒体中心在支配这部分资金时的主动权与机动性比较有限。

（二）制定量化考核指标，促进多劳多得、优劳优得

由于现有的自主营收经费客观上较为短缺，各项拨款的数额短期内也难以实现增量突破，伊宁市融媒体中心通过公正、合理地制定量化考核指标，实现既有资金的公正分配，最大限度地促进多劳多得、优劳优得。

杨林介绍，伊宁市融媒体中心的量化考核具体按照以下原则进行操作：中心每月将具体任务量化下达到各部门，部门细化分解到个人，月底进行数量与质量的双重评估；全媒体记者每月需要完成22条新闻作品采编，其中必须至少有4条内容被上级媒体采用、转载，并且每人每月至少完成7条短视频编辑，这些都是全媒体记者的基本任务，在完成上述基本任务的前提下，中心编委会对发布的新闻作品按质量高低进行深入的打分评估；最终量化考核以84分为及格线，无法达到该标准的会受到相应处罚，超过该标准则按分值获得一定奖励，使一线采编人员工资收入与产品数量、质量更加紧密地挂钩。经过多年的探索实践，量化细化考核使得编内编外人员的生产积极性得到极大提升，通常每月生产积极性最高的一批采编人员可以拿到200左右的积分，切实提

升了辛勤劳作者的工资待遇。

当然，要想从根本上提高员工获得感，缩小工资收入的"身份差异"，仍有赖于融媒体自身"做大蛋糕"，实现资金总量上的突破。既要考虑民族地区的实际情况，也要适当引入全员竞争上岗、末位淘汰等机制，实现员工待遇与组织效益的统一。

（三）重视专业培养，强化优质人才保障

除了上述客观的绩效考核指标，伊宁市融媒体中心还非常重视新媒体专业型人才团队的建设，通过建立媒体融合领域专家工作室、培育和引进融合采编专业技术人才、互联网技术人才、运营管理人才的方式进行专业培养，2017年以来先后培育和引进12名全媒体专业技术人才。中心还邀请国内媒体融合领域专家来伊授课辅导，组织业务人员进行网络培训，与伊犁师范大学开展战略合作，建立教育教学实习实践暨教育科研基地，进一步夯实媒体融合发展的中坚力量和后备力量。

与此同时，中心还争取政策为聘用制人员开放一定比例的专业职称，鼓励他们参加专业技能培训。取得专业技术任职资格的人员根据伊宁市聘用人员管理办法，享受与在编人员相同的工资条件和职称待遇，强化了优质人才的生存与发展保障。

通过走出去引进来和校融合作等方式，伊宁市融媒体中心可以为将来发展培养和储备一支媒体宣传"生力军"，即便在短时间内面临人员流动压力，也能够保留住一部分核心人才，为"建强用好"融媒体中心蓄存高质量的人力资本。

四　社会服务与社会治理

在社会服务与社会治理方面，伊宁融媒体中心在"伊宁好地方"App服务系统中接入了政务公开、市长信箱、调查征集等本地政务服务，构建了"百姓指尖上的服务中心"。伊宁市融媒体中心还充分利用平台功能，开办专栏专题，努力解决百姓出行、招工就业、农副产品销售等民生热点、难点问题；建立通讯员渠道，服务基层社会治理。

（一）构建"百姓指尖上的服务中心"

目前伊宁融媒体中心在"伊宁好地方"服务系统已接入1621项政府服务项，实现了养老、医保、公积金、交通出行等方面的查询服务；接入了本地政务公开、市长信箱、调查征集等服务功能，现有32家政务服务单位接入，极大地提升了App的传播能力和服务能力。

除了上述直接在App上接入端口的服务以外，伊宁融媒中心还利用空中电台为民办实事，在调频广播中加大为民服务办实事互动内容，实时分享伊宁市及周边县市交通路况及吃住行游购娱旅游一站式服务等资讯；为企事业单位发布招聘求职信息，为广大听众发布买卖二手房、二手物品等资讯；邀请律师提供免费法律咨询等。农村"大喇叭"开设《律师来帮忙》民法典的系列双语节目、《乡村振兴》节目邀请伊宁市农业农村局技术员为广大农牧民朋友讲解科技种养殖的知识等。

（二）开设电商专栏，助力乡村振兴

通过"伊宁好地方"App，伊宁市融媒体中心为本地小微企业销售产品建立合作渠道，开设电商专栏，带动本地电商平台、网红大V入驻。通过市领导、网红直播带货、"第一书记代言"、农副产品网络销售等方式，丰富报道形式，提升融媒体中心平台影响力，开拓更多商务合作模式。

伊宁市融媒体中心充分利用融媒宣传矩阵和多语种宣传优势，深入"最后一公里"，助力乡村振兴。通过全媒体平台播发达达木图镇花卉香菇种植、托克拉克乡的果酱奶酪、克伯克于孜乡的君子兰、塔什瑞科乡的手工皮鞋、园艺场的芍药花等短视频，大力推介本地农副产品，线上线下助力乡村振兴。伊宁市融媒体中心一直致力于为民办实事，如帮助先进模范彭昌金推销农产品。彭昌金是自治区民族团结进步模范个人、自治区优秀共产党员，多年来他累计给各族乡亲免费送出菜苗百万余株，借出资金30多万用于乡亲的生产生活。2021年，他带领的合作社出现茄子丰产滞销的现象。得到消息后，中心全平台先后发布《买茄子吗？没有中间商赚差价还能帮助农民增收的那种大茄子》《时令味鲜！潘津大茄子熟了》等系列产品进行全网宣传推销，同时积极与网红局长贺娇龙对接，一起拍摄了《新农田上的丰收盛景》短视频。经微信、QQ、抖音等社交媒体推销宣传，近至本市及周边县市，远至河南的客户纷纷采购，帮助农民合作社销售茄子30多吨。本案例也充分体现了县级融媒体中心引导群众、服务群众的宗旨。

（三）建立通讯员渠道，打造"社区信息枢纽"

伊宁市融媒体中心建立了64个通讯员单位，开设App爆料窗口方便用户随时反映身边事，增强App互动功能及社情民意通达渠道。目前伊宁市共有195个村社区，计划在每个村社区建设"融媒小镇"，起到信息下情上达的作用。由于伊宁整体信息化水平还比较低，全部覆盖行不通，伊宁市融媒体中心选择在有条件的且有写作能力的一些乡镇街道和村社区建立了通讯员队伍来反映社区信息。

疫情期间，中心将融合的"触角"延伸到基层一线，拓展了主流媒体信息收集渠道，发挥各乡镇、村（社区）基层通讯员、社会各界新媒体工作室资源优势，通过专业化的编辑与制作，让主流媒体在疫情信息传播中竞争优势凸显。《再等等，海棠路的花就要开了》《战友一路走好》《抗击疫情 沙画传情》《民警巧变

"快递员"爱心接力送母乳》等一批拥有"百万＋"点击量的产品，使主流媒体具有强大的传播力、引导力、影响力、公信力。

疫情防控关键时期，针对群众居家焦虑心理，中心联合伊犁州心理咨询协会，在调频广播101.6、农村广播、抖音号、手机台等平台开设了《心路驿站》《心理家园》心理疏导类节目131期，制作播发心理调适公益宣传片20条，起到了对群众情绪抚慰和心理疏解的社会作用。疫情期间为丰富群众安心"宅"家生活，还推出了"宅家才艺show起来"、运动战"疫"系列活动，群众参与互动积极性空前高涨，发布四天浏览量就突破67万。同时针对失聪人员、儿童群体，少数民族群体拍摄的《手语版疫情防控知识》《疫情防控拍手歌》（维吾尔语版）等小视频，深受群众欢迎。

但由于64个通讯员单位人员流动较大，还存在信息渠道衔接不畅，上报信息数量不多、质量不高等问题，有待于进一步培养。社区信息枢纽和平台建设是相关联的，但都还处于起步阶段。针对以上问题，课题组认为，伊宁市融媒体中心还应加强通讯员的业务培训，培养出一支能写会写的通讯员队伍，下沉到村落、社区，汇聚社情民意、引导社会事务的公共参与。

五　存在的问题与未来展望

除了上述亮点以外，伊宁市融媒体中心在建设运营中也遇到了一定的新问题，这些问题能够解决到什么程度，直接影响着中心未来的发展。

（一）融合发展在客观上面临资金"瓶颈"

虽然伊宁市融媒体中心不断争取拓宽资金来源渠道，但从既有效果来看，状况仍然不容乐观。一方面，近年来偏紧的地方公共支出与融媒体中心发展的增长性需求存在矛盾，全员工资依靠财政全额拨付，难以实现增量突破，而且现有拨款也难以满足融媒体中心软硬件更新、平台升级等长期需求；另一方面，缺乏市场化思维的经营渠道会导致融媒体中心难以精准把握用户需求，产生传导者与受众之间的"鸿沟"，在一定程度上会影响媒体内容的引导力与服务的有效性。

而上述资金"瓶颈"的出现主要是体制机制和市场环境等客观因素所共同影响的结果。伊宁市融媒体中心党组书记、主任杨林在访谈中谈到了时下面临的矛盾状态："我们地处新疆西北部，媒体市场基础较差，走完全市场化的道路势必会面临风险。反过来，不做经营，不培养市场化的思维，融媒体中心的发展容易触碰到天花板。市财政每年保障工资和基本运行费用，那么融媒体中心可以'活下来'，但我们不能仅仅止步于'活下来'，要发展、要创新、要有突破就必须打破现有体制机制。"

要突破既有的资金瓶颈，不能单独依靠融媒体中心，还有赖于地方市委市政府充分认识到县级融媒体建设对地方社会治理的重要性，做好顶层设计，在资金和资源上给予充分的倾斜，并探索可行方案支持融媒体中心开发自主营收的特色业务。只有进一步保障资金与资源的到位，融媒体中心方能持续发展。

（二）与南京"对口援疆"工程的衔接性有待加强

伊宁是南京"援疆"项目的对口城市，因此伊宁市融媒体中心在建设过程中也受到了相应的"红利"。据杨林介绍，南京市援疆指挥部自 2013 年以来，先后为伊宁市媒体单位的发展提供了500 万元的资金支持，并在人才培养、引进和媒体内容交流方面展开了一系列合作，这为伊宁市融媒体中心发展提供了切实的帮助。然而，杨林也认为目前的合作仍然主要在个体项目层面，单位与单位之间的帮扶还没有完全实现。在成立融媒体中心之前，

原伊宁市广播电视台归口当地文广局管理,而南京市广播电视台
(集团)是南京市委宣传部管辖的事业单位,两者的上级管理部
门"不对口",因此在合作上尚须进一步理顺。融合之后,伊宁
市融媒体中心定位为市政府直属事业单位,归口市委宣传部管
理,但与南京方面的具体合作方案还有待落实。

以上状况表明,一方面县级融媒体发展的重大意义还需要进
一步被强调、达成共识,从而积极制定出可操作的合作方案,加
强与南京"对口援疆"工程的联系;另一方面也要在内部形成可持
续的项目管理机制,确保重要合作项目有序、有效地深入推进。

(三)通讯员队伍建设有待加强,信息收集渠道仍需拓宽

伊宁市融媒体中心社区信息枢纽建设还处于起步阶段,在通
讯员渠道建设方面还存在一些困难,基层单位人员流动较大尤其
是组宣干事岗位变动频繁,新人业务生疏,严重影响信息报送质
量。因此,中心需要进一步加大培养力度,提升通讯员的业务能
力和素质,提高工作效率,这样才能更好地反映社区信息,服务
基层社会治理。同时通讯员单位的建设应该由点及面,全面延伸
到基层一线,逐步拓展主流媒体信息收集渠道。

总的来看,伊宁市融媒体中心当前的发展可以概括为"内容
优,资金难"。一方面,作为西部边境地区城市的主流媒体单位,
伊宁市融媒体中心经过两年多的探索完成了资源整合与平台搭
建,并在社会服务与治理方面做出了一定的成效;但另一方面,
由于体制机制转型仍不充分,发展资金的短缺状况比较突出,这
影响到中心各项服务与治理功能的落地,客观上也给进一步留住
与培养骨干人才带来挑战。未来,伊宁市融媒体中心应围绕改善
资金结构、提升人员待遇、优化平台功能、加强对口合作等方面
的持续深化改革,不断取得新的成果。

十四　夯实扶贫阵地　接力乡村振兴

——贵州省石阡县融媒体中心调研报告

受访者：黄云霞［石阡县融媒体中心党组书记、石阡县融媒
体中心（县广播电视台）主任（台长）］

访谈人、执笔人：万旭琪　陈　一

访谈时间：2021 年 9 月

石阡县位于贵州省东北部，铜仁市西南部，国土面积为 2173
平方公里，辖 19 乡镇（街道），2019 年全县总人口 41.63 万人，
常住人口 29.69 万人，仡佬、侗、苗、土家等 12 个少数民族占总
人口的 74%，是国家重点生态功能区和多民族聚居区。2015 年
11 月 29 日，中共中央、国务院发布关于《打赢脱贫攻坚战的决
定》，当时的贵州还有 66 个贫困县，其中石阡县位于贵州省东北
部，属武陵山集中连片特困区，是中国 592 个国家级贫困县、贵
州省 50 个扶贫工作重点县之一。

石阡县的文旅资源较为丰富，拥有夜郎古泉、佛顶山、五峰
山森林公园等特色旅游景点，荆楚文化与巴蜀文化共生，夜郎文
化与民族文化相应，温泉文化与苔茶文化相得益彰，催生了木偶

戏、仡佬毛龙两个国家级非物质文化遗产和一个世界级非物质文化遗产——"说春"。然而，与其得天独厚的自然地理优势和优渥的自然文旅资源相对的是，当地基础设施薄弱，缺少支柱产业，农业大多依靠传统耕作方式，曾经"山里的产品走不出去，外面的经济走不进来"。

近年来，石阡县围绕"三地一枢纽"（武陵山区扶贫攻坚示范地、全国重要的绿色生态产业基地、国际休闲旅游养生目的地和黔东地区重要立体交通枢纽）的发展目标，立体开发山、水、泉、茶、游、石、城等区域特色资源，并在"央—地"帮扶模式下打赢了脱贫攻坚战①。石阡县融媒体中心充分发挥"新闻＋政务＋服务"作用，积极参与县域治理，依靠顶层设计赋予政策倾斜，积极配合中央级和省级媒体的扶贫协作，将各级资源"下沉嫁接"到县域。同时利用各级技术援建和人才培训工程，提升融媒体中心的软实力与硬实力。

一　探索"脱贫减贫"的治理路径

2020 年 11 月 23 日，贵州宣布最后九个深度贫困县退出贫困县序列（石阡县于 2019 年 4 月退出贫困县序列），这标志着全国832 个贫困县全部脱贫摘帽，宣告全国脱贫攻坚目标任务胜利完成。脱贫攻坚是基层社会治理的重要环节，身处新闻宣传战线的最基层，也是接近扶贫第一线的县级融媒体中心，在建设实践中逐渐从"媒体本位"转向"新闻＋政务＋服务"深度融合发展，通过多种形式深度参与到脱贫攻坚实践中来，贵州铜仁的石阡

---

① 《走进石阡·基本县情》，贵州省铜仁市石阡县人民政府网站，http：//www.shiqian. gov. cn/zjsq/sqjj/，2020 年 9 月 6 日。

县，走出了"夯实扶贫阵地，接力乡村振兴"的路径。

图1　石阡县融媒体中心办公楼外景

2018年10月，石阡县融媒体中心建设纳入到新华社宣传扶贫重点项目。在新华社及省市级媒体指导下，石阡融媒体中心于2019年1月正式建成，为县政府直属正科级事业单位，加挂石阡县广播电视台牌子，归口县委宣传部管理。中心建成后，确定县级融媒体中心核定人数为80人，其中事业编制42人，其余38人由县人民政府向融媒体中心所属公司购买服务方式逐步配齐。截至2021年8月，中心在编职工40人，聘用人员14人。在平台搭建与运营上，石阡县融媒体中心运营管理石阡报、石阡广播电台FM97.3、石阡电视自办综合频道、今石阡App、现场云、微石阡、多彩石阡App、石阡网、石阡广播电视台抖音号、微博10个宣传平台，并形成"策、采、编、发、推、监、评"为一体的融合体系。中心还拟定了《石阡县融媒体中心改革运行方案》，探索"新闻＋政务＋电商＋健康＋服务＋"运行模式，参与推进县

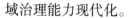
域治理能力现代化。

基于县级融媒体中心现有的资源、基础设施和发展条件，石阡县将源自上级的政策、技术、人才等资源落地、下沉并输送到脱贫攻坚工作的具体环节中，创造性开展"在地性"的治理实践，在乡村振兴中有所作为。

二 向上联动：作为传媒金字塔的边缘者，嵌入上级平台

中国的传媒金字塔依据政府的组织架构，以政府事业单位的层级序列为参考，依据"四级办台"顶层设计将传媒定为自上而下的垂直层级，中央级媒体如《人民日报》、新华社、中央广播电视台等位于传媒金字塔的中心，向下依次是省级媒体、地市级媒体，县级媒体位于传媒金字塔的最底层。这种等级结构导致不同等级媒体间权力与资源分配的差异性，高层级媒体聚合更多的新闻资源、技术资源与广告资源，同时由于靠近政治中心，占据着传媒政策制定与媒介管理的优势，而底层媒体收入较低、技术投入不足、专业人才缺乏，处于边缘化位置。因此，一些地区的县级融媒体中心选择接受中央、省级媒体的帮扶，嵌入上级云端平台，完成系统化的融媒体中心建设。

（一）对口帮扶："央—地"合作背景下的整体援建

石阡县是新华社的对口扶贫县，县级融媒体中心由新华社重点援建。2018 年 10 月，时任新华社社长蔡名照到石阡实地调研时提出"把石阡县融媒体中心建设纳入新华社宣传扶贫"，此后根据《新华社县级融媒体中心建设整体服务方案》，新华社围绕平台建设、技术服务、渠道推广与人才培训等方面，组织专家团队现场指导石阡县融媒体中心建设。两年多来，在现任社长何平及原社长蔡名照的直接关心下，新华社给予融媒体中心在物力、

财力和技术方面支持，共投入建设物资 118.17 万元，免费提供新闻线路产品 240 万元，帮助建设融媒体中心宣传阵地。在技术方面，帮助建设智能管控平台、"今石阡"App 客户端，融媒体中心平台同时接入新华社的媒体大脑，接入了新华社舆情监控"睿思系统"，能够对网络平台基层舆情事件进行有效研判。此外还为中心记者团提供"自如应用 4G 背包"，创新了报道技术和报道形式。新华社通过授课、人才培训等方式定期对中心全员进行融媒业务培训，通过"借力"新华社的专业人才团队，中心实现本地生产力团队的孵化。总体上来看，新华社给予石阡县级融媒体中心的援建是整体性、多维度、全方面的，县级融媒体中心作为上级媒体开展脱贫攻坚工程的基层"代理人"，同时也作为社会治理的"抓手"之一，建好建强能有效发挥"治理主体"的角色功能，构建立体化、广覆盖的县域治理网络。

(二) 云端共联：融入省级平台的嵌套式建设

石阡县融媒体中心选择了"云端共联"的路径，即"高层媒体建云，基层媒体加入"的方式，尽管略显被动，但系统性上具有明显优势，既有利于技术标准的统一，也利于新闻宣传、舆论引导的高效①。石阡县融媒体中心目前使用的省级平台是"多彩贵州宣传文化云"，并采用省级平台配套开发的"多彩石阡"App，自 2019 年 3 月接入"多彩贵州宣传文化云"以来，发稿量一直稳居全省区县（市）第一位。平时新闻线索、报道与省市级平台的对接采取"双向联通"的合作机制，一方面，石阡融媒体中心通过电视台专用平台将地方新闻内容传输给上级平台，或通过指定邮箱上传新闻稿件及图片至上级媒体，或提供初始新闻线

---

① 朱春阳、曾培伦：《"单兵扩散"与"云端共联"：县级融媒体中心建设的基本路径比较分析》，《新闻与写作》2018 年第 12 期。

图 2　2021 年 5 月 19 日，新华社社长、党组书记、总编辑何平（前排右四）一行来石阡县融媒体中心调研

索，上级媒体派遣条线记者深入县乡采访；另一方面，上级媒体自行抓取转发石阡 App、石阡网等平台的优质新闻内容，当面临重大新闻报道或者取得极具价值性的新闻线索时，上级媒体会主动约稿或请县级融媒体中心协助进行地拍、航拍工作等。然而，目前云平台仅能发挥资源共享、信息联通等基础功能，技术交互功能有待进一步开发。

（三）上下融通：打造石阡样本，实现本地影响力超域

与国家层面对外传播的"外宣"不同，县域的"外宣"指向本县域之外其他地区的传播，目的是挖掘县域特色文旅资源、生态资源来讲好县域发展故事，背后是基层政府所背负的社会稳定和经济发展的双重目标。石阡县级融媒体是进行本地外宣的重要窗口，它接入新华社县级融媒体中心专线供稿库，在新华社 App 地方频道版块宣传夜郎文化、温泉文化、旅游景点、特色小吃等

图3 《贵州石阡35对"鸳鸯"情定五德桃园》新媒体稿件截图

特有地域文化，同时使用新华社"现场云"直播了大量有关脱贫攻坚的奋斗历程和动人事迹，如《贵州石阡35对"鸳鸯"情定五德桃园》报道了扎根基层，为决战脱贫攻坚奉献青春的35对石阡驻村干部新人举办集体婚礼的故事，吸引了新华社、央视新闻等主流媒体报道，线上直播人气高达 30 万，文章浏览量 10 万＋。通过央视新闻移动网推出《贵州石阡：甘溪乡干群同唱"我和我的祖国"》快闪点击量达 60 万＋。通过与上级媒体的互联互通，能够将地方脱贫攻坚工程的进展与经验发布到高层级平台，让本地新闻为外部知晓，获得价值和成效上的"溢出效应"。在 2019 年 5 月，石阡县融媒体中心成为贵州省唯一一个获得新华社"现场云优秀融合奖"的媒体。

三　治理下沉：作为顶层设计"抓手"，开展"在地性"实践

贫困治理的顶层设计为脱贫攻坚进行了整体布局，县级融媒体中心是顶层设计的一个抓手，能够在当地开展因地制宜的地方实践，实现精准扶贫、纵深治理。

（一）舆论纵深治理：扎实做好社情民意的"采集器"

舆论治理是当前社会治理的重要内容，伴随着社会治理重心下移，舆论治理也应向纵深发展、向基层倾斜[1]，让主流价值直达基层，化解基层大量的社会矛盾与冲突。石阡县少数民族占其总人口的 74%，具有"大杂居、小聚居"的社会结构特点，"有群众的地方就有观点"，尤其是在贫困县域，民意多元、观点分散、价值分歧等问题仍然是基层信访压力较大的主要因素。县级传统媒体由于技术手段及传播方式单一，不能充分发挥联通社会、沟通政府与群众之间的桥梁和纽带作用，而县级融媒体却能够成为"舆情监控台"和社情民意的"采集器"。一方面，石阡

---

① 朱春阳、曾培伦：《"单兵扩散"与"云端共联"：县级融媒体中心建设的基本路径比较分析》，《新闻与写作》2018 年第 12 期。

融媒体平台接入新华睿思系统，借助云计算、大数据、人工智能算法等技术对网络舆情进行有效研判，帮助解决舆情监管难题；另一方面，融媒体中心发挥人的能动作用，安排专人下沉到少数民族聚居的社区、村落采集民声民意。"住房安全有保障"是贫困人口脱贫的硬指标，几乎每一个家庭危房重建或易地扶贫搬迁后都有艰难的思想斗争过程，融媒体中心走入"扶贫车间"采集当地群众对扶贫搬迁后家园安置问题和就业增收问题的意见和满意度；摸清贫困户家庭基本状况对他们入户采访，询问他们对扶贫政策的看法，记录下他们的生活"苦水"。在今石阡 App、石阡新闻网等平台上刊发的系列报道"我的扶贫故事"，以扶贫干部第一人称叙述，及时发现精准扶贫工作存在的"亮点"和"盲点"，客观呈现贫困群众的"痛点"和"难点"。由此可见，舆情监控需要扎实下沉，才能有效获取来自最基层的民情民意，解决舆情监控中的"底层真空"问题。

（二）服务资源整合：拓宽关系网络，整合存量与放大增量

县级融媒体中心可以利用跨部门统筹协作的方式建设信息服务矩阵，打造本土化的综合服务平台。通过上下层级联动以及和委办局、市场化主体的联通，县级融媒体中心成为能够创造全方位社会连接、创建多方参与、发展互助网络的"节点"，一方面能够更好地动员分散在基层的资源，助力扶贫攻坚；另一方面能够搭建党政与人民群众特别是困难群众的沟通窗口，紧扣当地实情和困难群众特点，优化精准扶贫。石阡县融媒体中心探索"一端多接口"平台，从"只做新闻"转变为"新闻＋政务＋服务"的综合服务客户端，融合县政府政务信息、电商等部门服务职能，拓展"政务＋生活服务"等37项服务功能，将公积金、交管、医疗、电商等服务端口链接进入今石阡 App 客户端，服务广大基层群众。其中，"电商服务"主要是发挥宣传部门的优势，

而非搭建一个市场化的电商平台或网络商城，它主要是借助直播的影响力为贫困群众培育的特色农产品带货引流。如在"阡货出山"和"网货进阡"工作中，石阡县融媒体中心利用现场云、主持人出镜等方式深入农产品产地、加工现场、各种展销会以及品评大赛现场进行电视或网络直播，以拍摄、制作地方特色产品的短视频或宣传片在各平台有序播放等形式助力消费扶贫工作。类似的方式能够整合存量资源，以深耕的方式放大资源的增量效益。

（三）思想阵地建设：传播主流强音，凝聚政治认同

县级融媒体中心能够以正确的政治观念和意识形态引导、教育基层群众，传播来自中央的主流强音，强化群众的政治主体意识、民主观念，动员群众积极参与到基层民主政治生活中。为动员基层群众对县乡换届的关注，做到思想认识到位、增强基层群众对换届选举工作的责任感和使命感，石阡县级融媒体中心派出专人，组建了有内宣记者、外宣记者及短视频编辑组成的宣传队伍，利用多元传播渠道，全过程记录人大、政协的整个换届工作，重点围绕反映人民当家做主，体现换届选举"全过程民主"的人大代表选举、选民投票、代表委员访谈等工作，进行全方位的持续跟踪报道。此外，中心开设了相关专题专栏，如"奋斗百年路、喜看今石阡""沿着习近平总书记指引的方向前进"等，大力宣传石阡在脱贫攻坚与乡村振兴有效衔接中的一些好做法、好经验及取得的成效，充分展示乡村文明新气象、乡村发展新面貌、乡村百姓新生活。在具体工作中，坚持以人民为中心的发展思想，尊重农民群众的主体地位，积极引导社会各界特别是农民群众参与乡村振兴的积极性、主动性和创造性，凝聚推动乡村振兴的强大合力。

四 从"脱贫攻坚"到"乡村振兴"：石阡融媒体治理实践的反思与展望

2019 年 4 月，石阡县正式摘掉了贫困县的"帽子"，全县 10.9 万名建档立卡贫困人口全部脱贫，173 个贫困村已经全部出列，代表着石阡的脱贫攻坚工作取得了历史性胜利，2020 年底贵州宣布最后 9 个深度贫困县退出贫困县序列，宣告全国脱贫攻坚战圆满收官。"脱贫"后即将面临如何"振兴"的问题，县级融媒体作为县域"治理主体"之一仍要继续参与到"乡村振兴"工作中。课题组对石阡县融媒体中心已有的治理实践进行总结，针对发展环节的问题进行反思，提供优化建议，对其未来在助力"乡村振兴"上继续有所作为。

（一）改革赋能：优化绩效考核，盘活生产力存量

专业的人才团队是进行内容产出的最大动能，如何有效激励中心人员工作干劲与热情，留住优质人才对县级融媒体中心而言至关重要。薪酬和绩效激励机制的改革是激活"人才动能"，石阡县融媒体中心目前在"定岗定员定责"基础上，建立以岗位责任和工作业绩为依据的考核标准，编内编外人员收入差距不明显。目前，针对编内人员的绩效考核只与评先选优等事项进行挂钩，而对编外人员主要实行阶梯稿分制度，多劳多得。下一步，中心考虑将基础性绩效和奖励性绩效分为"七三开"，即 70% 基础绩效根据人员职级、年资保底分配，另外 30% 的绩效工资拿出来与聘用人员的浮动工资重新考核分配，超出财政兜底的绩效考核部分，单位通过发展产业来找足经费。这种分配方式能够有效激励人员积极性，盘活生产力"存量"，但仅仅依靠存量变革、激发内生动力还不够，还需要从外部引进技术、专业人才增强队

伍专业性，内外共同激励才能实现生产与产出间良性循环。

（二）文化赋能：追梦铸魂，助力乡村振兴

从文化层面看，县域是优秀本地文化的发源地，融媒体中心能够通过自身联络、动员的优势，通过挖掘根植于县域文化中的特色元素。但目前来看，石阡县融媒体中心对本地文化的开掘力度仍然不够，新闻报道多流于文旅宣传，直播也未找准特点精准发力。夜郎文化、温泉文化、美食文化都是石阡的"文化优势"，对垂类文化内容的深耕、打造一批精品垂类内容不仅有助于提升本地民众对区域地理空间的文化认同、加强文化参与性、提升文化传播力，还能够将"文化优势"转为区域名片，吸引外地游客前来打卡。未来石阡县融媒体中心还可以在"文化服务"上做一些探索，如将各个旅游景点的预约功能统合到统一平台上，打通服务的"下一公里"。

（三）技术效能：以"直播＋"模式助推影响力升维

短视频与直播的兴起为县级融媒体中心拓宽平台业务、优化生活服务打开了新的渠道，可以说直播不仅仅是带"货"，更能凭借自身的数字化逻辑带"活"知识、价值与平台。目前石阡仅发挥宣传部门的优势，利用现场云、主持人出镜等方式对农产品加工现场、展销会等进行直播，但此类直播影响力目前非常有限，仅局限于本地。下一步，石阡还将与省市级媒体、县域政府合作开展线上线下联动直播，借助更大的媒体平台和政府资源，放大"直播＋"的影响力。未来石阡也可探索乡村振兴的数字化逻辑，如构建互联网产业化模式，利用"融媒体＋电商"，将农特产业、互联网电商与媒体矩阵式传播融为一体，帮助偏远乡镇村落的农户扩展销路、增加收入。此外，石阡在立足新闻宣传主业的情况下，还注册成立了"石阡融文传媒有限公司"，扩展业务范围，包括线上线下文化宣传活动、政务电商等，提升第三产业经营借此弥补自身造血能力不足的问题。但是仍需注意,在县级融媒体中心过往高度依赖财政拨款而缺乏企业化经营经验的前提下,利用经营事业反哺宣传事业的做法无疑是"摸着石头过河",未来面临与民营文化传播类企业和新兴互联网企业在同一市场竞争的问题,能否"分得市场一杯羹"、能否为中心带来持续收益而非造成亏损、能否可持续发展并成为稳定的造血机制仍存有不确定性,而企业未来的创收能否作为奖金分配给个人,如果可行又将如何分配,种种问题值得思考。

十五　做好草原城市的区级融媒

——内蒙古自治区鄂尔多斯市东胜区 融媒体中心调研报告

受访者: 田志强（鄂尔多斯市东胜区融媒体中心副主任）

访谈人、执笔人: 陈　一　葛家明

访谈时间: 2021 年 9 月

东胜区地处内蒙古自治区西南部的鄂尔多斯市，位于九曲黄河"几"字弯，是内蒙古自治区"呼包鄂"经济金三角的一极，同时也是"呼包鄂榆"城市群的重要节点城市。东胜区域总面积 2160 平方公里，下辖 3 个镇、12 个街道办事处、3 个园区，总人口约 60 万，包括汉、蒙、回等 21 个民族的群众。2020 年，地区生产总值达到 712.6 亿元，一般公共预算收入完成 47.2 亿元，社会消费品零售总额实现 260.9 亿元，城镇常住居民人均可支配收入达到 51483 元，地区综合实力位居全国市辖区百强第 45 位，先后获得全国文明城市、国家卫生城市、中国人居环境建设示范区等多项荣誉称号。[①]

---

① 区情介绍，东胜区人民政府网，http：//www.ds.gov.cn/qq/gk/qqjs_ 103236/，2021 -05 - 16。

东胜区在城市建设、社会事业发展等方面成果突出，为媒体融合的推进提供了有利环境。近年来，该区深入推进城市精细化、网格化、数字化管理，启动"5G＋智慧城市"建设，实现信息资源共享、跨行业监管、多部门联动，将城镇划分为4级网格、79个单元网格，建立起条块融合、职责明晰、联动负责、共治共享的基层工作机制。另外，东胜区全面提升政务服务中心功能布局，建立东胜区市民中心，进驻市直部门3个、区直部门38个，可办理499项行政审批服务，实现"最多跑一次"420项、"零次跑"51项，办理时限平均提速70%。依托"数字东胜"工程，城市的数字化、规范化、智能化便民服务水平不断提高。

早在2016年，东胜区就开启了媒体融合进程。当时，东胜区成立了新媒体管理中心，并于同年底着手搭建"中央厨房"式的媒体集成平台，人才队伍、硬件基础、机制管理等方面得到了初步改善，在内蒙古所有旗县区级媒体单位中处于领先水平。在此基础上，2018年东胜区融媒体中心的建设工作被提上议程。

一 融媒体中心建设基本概况

2018年9月，东胜区融媒体中心挂牌成立，是内蒙古自治区首家启动运行的县级融媒体中心，被中宣部列为全国57家试点之一。东胜区融媒体中心为区委直属公益二类事业单位，归口区委宣传部管辖，共有6个内设机构：办公室、融联部、编辑部、采访部、数据媒资服务部、技术部。中心现有在职人员53名，按照"政府购买服务"招聘的人员7名，近年来出现了一部分人员流失的情况，融媒发展的队伍建设依然面临压力。

挂牌以来，东胜区融媒体中心完成了由"物理融合"向"化学融合"的突破。2018年9月到2019年3月，中心完成了办公

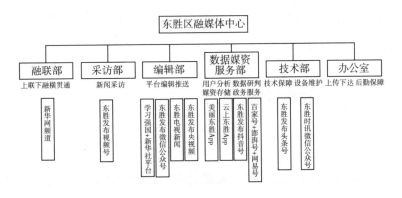

图 1　东胜区融媒体中心组织结构图

场所的扩容，从区党政大楼二楼迁至万融大厦，正式拥有独立办公楼，完成物理空间的融合与拓展。2019 年 8 月 15 日，高清新闻演播室正式投入使用，《东胜新闻》高清试播顺利完成。2019 年 9 月，完成新闻中心、新媒体管理中心、联指中心的人员、职能、资源整合，实现新闻机构全面整合、新闻资源和政务服务资源的融通对接。经过以上努力，中心初步形成了"东胜样本"，并发挥示范引领作用，先后接待了来自上海、湖北、河南、重庆、青海、云南等 11 省市，109 个旗县区，1900 余人次的考察观摩。同时，东胜区融媒体中心还积极推进产学研融合，与内蒙古大学文学与新闻传播学院共建了自治区首家县级融媒体教学实践基地，为培养县级融媒体骨干人才搭建平台。

建设与发展的三年间，东胜区融媒体中心的影响力得到了较大的提升。2020 年，中心以 98 分的成绩通过自治区旗县级融媒体建设考核验收，得分位列自治区第一。同时，中心连续两年荣获自治区旗县级融媒体中心建设先进单位，被市委、市政府授予五位一体综合考核创新奖，并获批互联网新闻信息服务许可证，成为自治区首批拥有从事互联网新闻信息服务资质的旗县级融媒体中心。此外，2019 年以来，中心共荣获包括国家级、自治区级在内的集体荣誉 17 项，市级荣誉 9 项，区级荣誉 9 项，得到了上级主管单位和社会的认可。

二 平台搭建与流程再造

（一）打造"一核两翼十平台"的传播矩阵

截至访谈之时，东胜区融媒体中心形成了"一核两翼十平台"的传播矩阵，它们相互联动，使得主流新闻资讯通过多渠道分发。"一核"指的是"美丽东胜"App，"两翼"是"东胜发布"微信公众号、抖音号，"十平台"包含东胜区融媒体中心在学习强国、人民号、央视频、新华订阅、新浪微博、百家号、澎湃新闻、网易新闻、企鹅号和头条号平台创建的账号。从各平台的用户使用情况来看，"东胜发布"公众号粉丝数为 17.85 万，自治区所有县级融媒体的账号中排名保持前三；"美丽东胜"App下载总量为 11.5 万人次，占东胜区总人口 20.1%；"云上东胜"App 下载量为 3.2 万人次，浏览量累计 3.9 亿人次；各平台用户总数达 66.4 万，成为地区最具影响力主流媒体，在传播的"量"上取得了比较大的突破。

虽然搭建起了"多点发力，互动融合"的传播矩阵，但东胜区融媒体中心意识到这只是"万里长征走出了第一步"，在此基础上生产制作符合不同平台传播规律的内容，进一步提高传播质量，仍需中心上下员工共同投入精力、锻炼能力。为此，东胜区融媒体中心制订了具体的生产计划：一方面，着力进行抖音号的视频、直播内容创作，在"上下滑动"的短视频平台创造用户黏性，不光收获了 940 万浏览量与 38 万点赞量，还举办了直播带货、橱窗冠名等网络营销活动；另一方面，持续加大优秀报道稿件的生产力度，并不断向上级平台报送优秀作品。2020 年全年，

图2　"美丽东胜"App 功能和内容介绍

"东胜发布"微信公众号的新闻报道作品阅读量超过 5 万的共计
53 篇，"10 万＋"作品共计 17 篇，学习强国发稿 160 条（其中全国平台发稿 5 条），在新华社客户端刊发"百万＋"点击量产品 69 个，与新华社合作短视频 16 个，在"草原云"平台播发短视频 35 个。截至 2021 年 9 月底，学习强国年度发稿量已达到 140 篇。2021 年春节期间中心 3 部作品成功入选由新华社新闻信息中心、中国新华新闻电视网联合出品的《小康中国 千城年夜饭》视频展映活动，点击量突破 1200 万。

这些优质内容的涌现，表明东胜区融媒体中心在搭建好传播矩阵的基础上，也在打磨内容质量，努力做到内容与渠道共同发力，扩大自身传播影响力。

（二）接入"草原云"，获得较强的技术支持

完善的传播矩阵只是媒体内容的发布端，它离不开一套完整、强大的技术平台作为支撑。2019 年，东胜区融媒体中心接入了内蒙古的"草原云"平台，围绕这一平台实现了生产流程的重塑，并搭建了各项服务功能的版块。

"草原云"是内蒙古日报社于 2018 年 10 月牵头打造的省级融媒体平台，它以内容生产为核心，兼具信息服务与综合管理的功能，具体由政务服务、文化旅游、新闻传播、精准服务、行业监管、智能化大数据六部分组成[①]。"草原云"为东胜区融媒体中心带来了内容素材的云端传输、生产流程的在线协同等便利，并且能够集成公共数据，接入各类政务与生活服务端口，收到了比较显著的效果。中心采编人员可以通过"云技术"进行在线协同，极大缩短了一条新闻的生产周期。最具代表性的一个案例是，东胜区融媒体中心利用"草原云"创造性地开展联动式报道《跨越千里支教路》，前方记者运用"草原云"现场直播，后方矩

---

① 内蒙古一号云"草原云"融媒体平台盛装上线，正北方网，http：//www.northnews.cn/news/2019/1221/1797302.html，2019 年 12 月 21 日。

阵平台配合联动，取得了稳定、同步的传播效果，进而短时间内收获了较大的社会影响力。

在各项服务功能方面，东胜区融媒体中心将网上审批、缴费、商超、征兵、图书检索等功能端口在"美丽东胜"App上形成了稳定的服务版块。同时，辟谣、文明随手拍、热线等参与治理的机制也可以通过这一平台实现，有助于群众以"主人翁"姿态参与到东胜区的公共事务中来。当然，从目前来看，虽然各项服务运行流畅、稳定，但是这些服务大多数是以"超链接"的方式联通自治区级别的政务服务网、心理咨询中心、文化旅游网等平台，即便是少数能够具体链接到东胜区当地官方部门网站的功能，也只能起到信息引导的作用，尚不能真正实现区内事务的线上办理。课题组建议进一步思考，接入省级平台后，如何实现面向全省的技术架构与县区特色需求之间的有效融合，化解自治区与基层在资源对接上的堵点。

三　社会服务与社会治理

在社会服务与社会治理方面，东胜区融媒体中心一方面依托东胜智慧城市建设推进服务升级，进一步扩容移动客户端"政务＋服务＋N"功能；另一方面统融推进"两中心"建设，全方位提升区域治理水平和治理能力，在文明实践、志愿服务、疫情防控宣传等方面取得了一定成效。

（一）扩容移动客户端"政务＋服务＋N"功能

东胜区融媒体中心依托东胜智慧城市建设推进服务升级，进一步扩容移动客户端"政务＋服务＋N"功能。中心将"美丽东胜"App、"云上东胜"App作为进一步夯实智慧城市建设的网络主阵地，充分发挥其综合性移动客户端"新闻＋政务＋服务"的功能优势，形成部门联动、数据共享的有效机制。目前，"美丽东胜"App、"云上东胜"App同步接入96项便民服务应用，形成"点开一个App，办成一揽子事"的新格局。

党史学习教育活动开展以来，东胜区贯通新时代文明实践中心、政务服务中心、党群服务中心功能，搭建"我为群众办实事·我帮你""融融帮你办"两个模块并嵌入"美丽东胜"App。"我为群众办实事·我帮你"专栏将"新时代文明实践云平台"接入，开设志愿者注册、积分兑换、群众点单、活动招募、政务服务、党群服务等模块。"融融帮你办"专栏进一步整合资源，优化服务。中心成立专班，后台汇总统计群众"急难愁盼"留言，并每日在调度群中公示。事项建立台账，并对调度分发事项的办理进度、调度反馈情况及时在线上公布，推动四中心融合发展。

（二）统筹推进"两中心"建设，加强疫情防控宣传

东胜区融媒体中心统融推进"两中心"建设，不断提升区域治理水平和治理能力。依托移动客户端形成"群众点单、中心派单、志愿者接单、群众评单"闭环式的文明实践活动服务网。同时，打通"两中心"志愿服务数据库，积极开展"线下活动＋线上推广"模式，实现"群众在哪里、文明实践就开展在哪里"，打通宣传群众、教育群众、服务群众、凝聚群众的"最后一公里"；充分发挥高清演播大厅实践站点的阵地功能，将志愿服务活动融合打造，形成既可满足访谈节目的录播又可为文明实践活动提供录演服务的场所，实现阵地资源的互通共享，增强"两个中心"的辐射带动作用。

新冠肺炎疫情期间，中心响应迅速，在疫情防控宣传方面取得了一定成效。一是强化安全责任意识，全力以赴确保阵地安全，做好内部防控，严防死守确保阵地安全。同时，选派党员干

部深入社区防控一线开展驻点支援。二是注重"快"字要义，创造了六个自治区第一：第一个刊发自采疫情报道，第一个推出快板书和二人台视频，第一个刊发面向农村居民新闻，第一个关注社区小区疫情防控，第一个关注商场物资供应，第一个开展物资捐赠宣传。"美丽东胜"App 转发疫情防控指挥部的指令时间缩短在 5 分钟之内，累计播发疫情相关报道 1420 条，阅读量 4200 万次。及时的舆情研判与精准的信息传播，阻止了谣言的散播。疫情期间，东胜地区未出现一起关于疫情防控的不实谣言。作为地区主流媒体，东胜区融媒体中心在疫情"大考"中发挥出了一定的传播力、影响力和引导力。

在做精做强新闻主业基础上，东胜区融媒用"媒体＋"向城市管理、政府服务和民生领域渗透，形成"大宣传"格局。"东胜样本"对政务和服务的"能融尽融"，服务功能日趋完善，具有一定的示范效应。东胜区通过融媒体中心建设形成的管理闭环和倒逼机制，推动东胜区向服务型政府加速转型。课题组认为东胜区还要进一步整合数据，开发共享，加快推进政府信息化建设，并加大数据安全性投入等。同时融媒体中心要将融媒体和数据服务、"智慧城市"相结合，打通公共数据共享，让中心真正具备公共服务功能，真正服务于东胜区老百姓的日常生活。

四　存在的问题与未来展望

课题组认为，东胜区融媒体中心在内蒙古自治区的县级融媒体中建设成果较为突出，但也暴露出一些问题，主要表现在以下三个方面：

（一）"一省一平台"的标准尚未能够适配地方特色需求

与很多县区相似，该地区正式成立融媒体中心之前，已经开始了媒体融合进程，并初步搭建起相关平台。一方面，这为县级融媒体建设储备了充分的资源，便于由传统媒体阶段向融媒体阶段过渡衔接；另一方面，自发的媒体融合进程与国家主导的县级融媒体建设工程并轨，实际上是融媒发展走向"标准化"的过程，上级指标与地方差异性之间的张力也会显露出来，这在是否能够切实提供"在地化"服务方面尤为明显。

如前所述，接入"草原云"虽然给东胜区融媒体中心内容生产和社会服务带来了强大的技术支持，但在具体的服务功能方面，还是没有做到与县区特色需求充分接轨。面对如此局面，抛开省级平台重新打造自己的个性化平台非但与相关政策精神相违背，不便于统筹管理，同时也会给资金状况本不宽裕的县级融媒体徒增运营成本。在此背景下，"草原云"平台应考虑能否在技术层面给予地方更加充分的自主权，便于它们结合本地的实际需求，个性化地开辟一些立足县域的精准服务模块，从而实现"标准化"与"个性化"的统一。

（二）政策重叠带来新的壁垒

充裕的资金是县级融媒体发展必不可少的动力，一般而言，媒体机构运转的资金来源包括财政拨款和自主营收两大条块。很多"公益一类"的县级融媒体中心自主营收渠道较窄，往往只有通过承接政府部门的外包服务获取一定的经营性收入，而且这部分收入无法直接获取，必须经由"上交财政，全额返还"的机制才能够变现。东胜区融媒体中心近年来的财政经费支持约为170万，从政策规定看，这样的"公益二类"县级融媒体中心自主经营活动则更为自主，通过数据服务、电商、广告、政府外包服务等方面的经营性收入，可以更好反哺中心建设。

但是在实际工作中，由于不同条线政策的重叠和交叉，也带来了新的问题。2019年11月，依据区委常务会议纪要精神，东胜区将鄂尔多斯胜视传媒公司的出资人由文旅集团变更为东胜区国资委，由区国资委按照国有资产集中统一监管的相关要求，委托东胜区融媒体中心行使监督管理职能。虽签订了《监管协议》，并明确了胜视传媒的经营收入用于反哺融媒体中心建设。但事实上存在人员体制不畅通的问题。此外，在区委巡察过程中，巡察组将中心在胜视传媒报销的新闻人员外出培训费用项目列为巡察整改项目。至此，反哺功能难以在程序上实现，一些体制机制上的深层次问题还有待理顺。2021 年 9 月，融媒体中心不再监管胜视传媒，这一难点有待解决。

（三）用户群体族群身份多元，精准传播/服务的能力有待提升

东胜区融媒体中心所处的鄂尔多斯市民族群众多，传播对象和用户的文化背景、生活习惯和信息需求存在差异，这对融媒体中心精准传播能力提出了更高的要求。东胜区融媒体中心传播的新闻内容主要以汉语形式呈现，针对少数民族群众的特色内容还比较少。虽然"东胜发布"抖音号已经在建设文明城市的主题下推出了一些带有地方特色（如方言、习俗等）的短视频，但与民族团结、国家认同等相关的优秀宣传作品仍然数量不足。在一些社会新闻短视频的制作上，也存在模式化的问题。

东胜区融媒体中心的现有在职员工大部分是原先宣传岗位的编制内人员，年龄偏大，无论是思想意识还是职业技能，存在不同程度的"本领恐慌"。再加上县级融媒体聘用制员工待遇相比于其他行业处于弱势，近几年来常有"只出不进"的现象。两者共同导致东胜区融媒体中心人员结构老化，难以为中心长期发展提供可持续动力。这种局面既不利于东胜区融媒体中心持续推出符合新媒体传播规律的优质内容，也无法与它在社会治理、"自我造血"、综合服务等方面的增长性需求相匹配。

课题组建议，东胜区融媒体中心应当继续深化机制改革，探

索与融媒发展相匹配的用人制度。可以考虑为部分重要的聘用岗位争取更为有竞争力的社会保障条件、适当提升一些经营性项目中主创人员的绩效奖励比例、合理开放网络用工、制订新聘人员的培养计划等措施，建成一支富有活力与创造力的融媒体团队。